156229
€15

Aus der Heimat.

Sagen und Märchen der Halloren.

Von

Franz Büttner Pfänner zu Thal.

Dritte vermehrte Auflage.

 Leipzig,
Verlag zum Greifen.

Nachdruck der Orginalausgabe von 1889

© fliegenkopf verlag, Halle 1992
Druck: Pöge-Druck, Leipzig
Buchbinderische Verarbeitung: Bucheinband "exquisit"

ISBN 3-910147-21-6

Inhalt.

		Seite
Einleitung		3
I. Der Gutjahrbrunnen		5
II. Von der Halle im Thale		10
III. Die Saalnixen		12
IV. Die schöne Friga		15
V. Die Gründung der Stadt Halle		23
VI. Die Erbauung		29
VII. Der Empfang des Königs		32
VIII. Die Belehnung und Weihe		35
IX. Vom Roland		41
X. Vom Moritzkloster		46
XI. Ein Esel auf Rosen		50
XII. Giebichenstein		53
XIII. Ein Weiteres von den Nixen		57
XIV. Von der Niklauskapelle und den Saalaffen		63
XV. Das schwarze Schloß		67
XVI. Frau Holle		72
XVII. Ludwig der Springer		76
XVIII. Der Schellenmoritz		85
XIX. Till Eulenspiegel in Halle		93
XX. Die Mauerkrone der adeligen Pfännergeschlechter		100
XXI. Die Gütchensgrube		106
XXII. Die Halloren bestatten die Toten		112

Von der Gründung und dem Ursprung unserer Heimatstadt hat uns die Geschichte ein karges Gerippe ausgegraben, das auch noch in Bezug auf historische Beweise manche Schwächen zeigt; die Sage aber, ihre alte Großmutter, weiß mit manch' buntem Läppchen und manch' glänzendem Flitter es auszurüsten und von herrlichen Zeiten und Taten zu erzählen, daß die Epigonen gern ihren Worten lauschen und der Zauber ihrer Phantasie manch' goldenes Bild aus der Asche vor ihren Augen erscheinen läßt. Gerade eine glänzende Vergangenheit steigt in den Zeiten des Rückschrittes und der Verflachung herrlicher aus dem Nebelschleier empor und die Sehnsucht nach der verschollenen Pracht und dem erloschenen Glanz webt goldene Fäden in diesen Schleier, der die vergangenen Tage deckt.

Wir haben sie nicht erbaut, jene stattlichen Türme, die viel weiter als sie sehen können und noch viel weiter als man den Klang ihrer metallenen Zungen hört, den

Ruhm Halle's durch die Lande trugen und die mit ihren stolzen Zinnen und lustigen Wimpeln und Fähnlein einstmals Kaiser und Könige in ihren Mauern begrüßten. Wir hätten sie nicht mit so breiten Plätzen umgeben können, wir können ihnen nur langweilige, grade Straßen bieten, wie sie sich bald über die Halle, den ältesten historischen Boden unserer Stadt, mit quadratischer Eintönigkeit erstrecken werden. Das Thalamt ist gefallen und die Halle fällt ihm nach; so erlischt ein Stück Romantik nach dem anderen in unserer nüchternen Zeit und nur die stolzen Türme ragen majestätisch still und ernst aus der Gegenwart empor. Still und ernst sind sie geworden; wenn aber des Nachts der Mond, der alte Zaubermeister, am Himmel aufsteigt, dann recken und dehnen sie sich mächtig empor, als wollten sie ihre alte Größe und Herrlichkeit wieder erlangen, der Wind säuselt in ihren Zacken, die alten Soolquellen beginnen zu brodeln und zu zischer, die Wellen plätschern und klatschen an die verfallenen Stadtmauern und es geht ein Singen und Sagen rüber und hinüber von der alten guten Zeit. Ich habe oft in solchen klaren Mondennächten in der Halle neben dem morschen Eulenspiegelturm gesessen und hinübergeschaut zu den fünf alten Gesellen auf dem Markte und ihren wundersamen Märchen gelauscht.

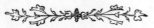

I.

Der Gutjahrbrunnen.

In uralten Zeiten, so murmelten die Wellen, ehe noch ein Haus in dieser Gegend stand, war dort eine große Wiese, an die sich unterhalb, wo die Saale sich durch die Felsen zwängt, ein dichter und großer Wald anschloß. Menschen wohnten nicht in dieser Gegend, nur im Frühjahr, wenn der Wald sein neues Kleid anzog und die Wiese sich mit bunten Blumen und Kräutern schmückte, dann kamen große kräftige Gestalten mit zahlreichen Heerden von Rindern und Pferden und weideten dort, bis alles Gras verzehrt war und der Herbst das kahle Laub über die abgestorbenen Fluren jagte. So war es viele viele Jahre fortgegangen, als einmal im Lenz einer der Hirten einen sonderbaren Traum hatte. Ihm träumte, wie er so süß im Schlummer auf der Wiese lag, daß alles um ihn verdorrte und das grüne Laub fiele welk von den Bäumen zur Erde. Plötzlich verfinsterte sich der Himmel und dicke Schneeflocken fielen herab und bedeckten alles mit einer dichten weißen Decke, nur die Stelle, auf der er lag, blieb frei und blühete herrlich weiter. Er wachte auf, rieb sich die Augen aus, da war alles wieder grün. Als er sich aber am andern Abend wieder schlafen legte, erschien ihm dasselbe Traumbild, und am folgenden Abend wieder, nur war es ihm, als ob er eine Stimme aus der Tiefe hörte, die zu ihm rief: „Erlöse mich, so will ich Dich reich belohnen!" Und ein heller Stern strahlte vom Himmel mit ewig mildem Glanze hernieder.

Der Hirt sann lange darüber nach, fand aber keine Lösung. Deshalb machte er sich auf und ging zu den heiligen Männern, die auf dem Ochsenberge hausten und aus dem Rauschen der Eichen die Zukunft verkündeten und wahrsagten. Er erzählte ihnen, was er gesehen hatte. In tiefem Schweigen schritten sie in den Hain. Es währte eine geraume Zeit, bis sie wieder zum Vorschein kamen, dann sprach der Älteste zu ihm: Wir haben die Nornen befragt und sie haben also geantwortet:

„Wenn der nächste Vollmond am Himmel steht zu der Stunde, wo die Sonne sich zur Wiederkehr wendet, schneide Dir ein Reis vom Wachholderstrauch, kehre mit demselben wieder hierher und tauche es in das Blut des heiligen Opferstieres, damit Du vor den bösen Geistern gefeit seist. Mit diesem Reis warte so lang bis Baldur die Erde verläßt und sie unter weißer Decke verbirgt, dann wird eine Stelle frei bleiben drei Schuh lang und drei Schuh breit; in der Mitte grabe ein Loch drei Schuh tief, lege das Reis hinein, so wirst Du einen großen Schatz heben."

So tat er denn auch, wie ihm geheißen war. Als der Herbstwind über die Fluren strich und seine Genossen alle fortgezogen mit ihren Herden, blieb er allein zurück, hüllte sich in dicke Felle, grub sich eine tiefe Höhle, in der er Nachts schlief, und wartete so den Winter ab. Lang, lange währte es, ohne daß die Verheißung in Erfüllung ging. Der kürzeste Tag war schon vorüber; er begann zu verzweifeln und wollte sich aufmachen und seine Genossen wieder suchen — da — es war schon spät in der Nacht — sah er plötzlich jenen Stern, der ihm im Traume erschienen war, mit prächtigem Strahlenglanz stieg er am Horizont empor. Und zu gleicher Zeit fielen aus dem klaren, wolkenlosen Himmel viele kleine weiße Sternchen hernieder und bedeckten weit und breit die abgestorbene Wiese. Er schaute sich um — und wirklich, dort lag der leere kahle Flecken. Freudetrunken griff er zum Spaten und arbeitete hastig in die Tiefe. Drei Schuh, hatten ihm die Priester gesagt; das war bald vollendet und in banger Erwartung warf er das Reis hinein. Kaum hatte dies den Boden berührt, so stieg ein heißer Dampf empor und es begann zu brodeln und zu sieden und heller Feuer=

schein flammte aus der Tiefe herauf. Plötzlich stand eine Jungfrau in strahlender Schönheit vor ihm mit gold'nem Diadem auf dem Haupte, die sprach also:

„Lange Jahrhunderte war ich gefesselt von zwei griesgrämigen Riesen und mußte ihnen dienen, dieweil Du mich nun erlöset hast, will ich Dir die Quelle zu eigen geben, die aus diesem Boden quillt. Sie enthält das wertvollste Gut und wird Dir und Deinen Nachkommen viele Schätze bringen, so lange es treu und ehrlich verwaltet wird. Wenn aber einst der, dem die oberste Leitung darüber anvertraut ist, zu seinem eigenen oder fremder Leute Nutzen wirtschaften wird, so soll sie versiechen und die Stätte soll versinken in Schutt und Asche!"

Geblendet von der Schönheit und dem hellen Klange ihrer Stimme war der Hirt zu Boden gestürzt, als er sich wieder erhob, war die Nymphe verschwunden, an der Stelle aber, wo sie erschienen war, sprudelte eine dampfende Quelle kräftig aus der Tiefe der Erde hervor. Ohne noch zu ahnen, welchen Schatz er entdeckt hatte, aber doch voll inniger Freude über die freundliche Gestalt und ihre Verheißung machte er sich auf den Heimweg zu seinen Genossen.

Der Stern aber, der ihm so überaus mild und liebreich vom Himmel strahlte, stand fern im Morgenland über einem zerfallenen Hüttlein und glänzte hernieder auf ein kleines Knäblein, das in einer Krippe lag und fröhlich in die neue Welt hinein blickte. Die Englein aber sangen und verkündeten den Hirten auf dem Felde: „Euch ist heute der Heiland geboren! Ehre sei Gott in der Höhe und Friede auf Erden!"

Dieweil nun diese Quelle gegraben war im Jahre des Heils, so nannte man sie später den „Gutjahrbrunnen" und sie heißet noch so bis auf den heutigen Tag.

II.

Von der Halle im Thale.

Als der Hirt nun zu seinen Genossen zurückkehrte, waren sie alle erstaunt, denn sie hatten ihn schon tot geglaubt. Noch mehr aber wunderten sie sich über seine Erzählung und fragten ihn nach dem Schatz, den er gehoben hätte. Da er ihnen nun nichts zeigen konnte, spotteten sie seiner und lachten über ihn, daß ihn die Nixe so angeführt hatte. Er aber ließ sich nicht irren und als der Gott Baldur die Erde aus ihrem Winterschlafe mit sanftem Kusse wieder erweckte, da machte er sich auf mit seinen Freunden und Herden und zog hinab zur Saale, um zu sehen, ob die Verheißungen in Erfüllung gingen. Als sie nun über die Berge kamen und in's Thal hineinschauten, da sahen sie und staunten — die ganze Wiese war noch weiß von Schnee und die Quelle brodelte munter dampfend in die Höhe und hatte sich einen Weg gebahnt nach der Saale. Als sie aber den Schnee aufhoben und kosteten, da war es köstliches reines Salz, wie sie es sich immer im fernen Süden teuer erkaufen mußten von den Handelsleuten, wenn sie dahin kamen und ihre Pferde gegen allerhand Kleidung und Nahrung eintauschten. Sie füllten es in Säcke und bauten eine große Halle, worunter sie es vor Regen und Unwetter schützten. Dann gruben sie große Tellen in die Erde, füllten diese mit der heißen Soole an und ließen sie dann in der warmen Sonne verdunsten, sodaß nur die hellen, klaren Krystalle zurückblieben.

Bald verbreitete sich das Gerücht von dem großen Salzreichtum unter den angränzenden Völkern. Die Kaufleute, die im Frühjahr auf der großen Heerstraße dem Rennstieg nach Norden zogen, um dort Waaren einzutauschen, versäumten nicht, bei der Halle im Thale, wie sie nun den Ort nannten, einzukehren und große Ladungen mitzunehmen. Auch in der Heimat bei den Genossen ward es ruchbar und so kamen viele herangezogen, ließen ihr Nomadenleben und wurden seßhaft. Im Winter bauten sie sich feste Hütten, und da die Sonne ihnen das Salz nicht austrocknete, lebten sie von Jagd, vom Fisch- und Vogelfang.

III.

Die Saalnixen.

Unten auf dem Grunde der Saale und tief, tief in den Seen und Brunnen, da wohnen viele Nixen in kristallenen Palästen; das glitzert und flimmert so herrlich, daß es ein menschliches Auge kaum ertragen kann. Ehe nun noch die Menschen auf die Erde kamen, trieben sie frohe Spiele an den Ufern und Wiesen und sonnten sich in ewiger Jugend und ewigem Frühling. Sie lebten aber in Feindschaft mit den bösen Erdgeistern, die kamen öfters und stürmten auf sie ein, raubten die Schönsten von ihnen und nahmen sie mit in ihre unterirdischen Höhlen. Dort wurden sie gefangen gehalten und mußten schwere Arbeiten verrichten, bis der Gott Thor die Riesen von der Erde vertrieb und die Menschen darauf pflanzte, denen er ein Mittel gab, die gefangenen Nixen zu erlösen. Alle waren sie schon aus ihrer Gefangenschaft befreit bis auf eine, die noch in dem Soolbrunnen saß. Vor vielen, vielen Jahren nämlich war auch einmal ein Schäfer gekommen, der dasselbe Traumbild gehabt hatte.

Wie er nun aber das Loch gegraben, da hatte er den Wachholderzweig verloren. Sie war ihm wehklagend erschienen, hatte eine Eichel genommen, dieselbe mit dem Fuß in die Erde gestampft und gesagt: „Wenn diese Eiche groß geworden ist und dann wieder verfallen und verfault, und wenn dann ein Hirt kommt und auf der Stelle, wo sie gestanden hat, schläft, der erst kann den Traum träumen, der zu meiner Erlösung führt."

Nun war sie aber befreit und zurückgekehrt in die Saale, wo ein großer Jubel und eine endlose Freude war und Feste auf Feste gefeiert wurden, daß sie endlich ihre geliebte Schwester wieder hatten. Ihre Erlöser vergaßen sie aber nicht und waren den Menschen gut. Diese auch achteten und ehrten sie, denn sie wußten wol, daß sie ine große Hülfe an ihnen hatten. Oftmals kamen die Nixen und zogen des Nachts mit ihren langen Haaren das Wasser aus den Soollöchern, daß am andern Morgen nur noch die glitzernden Kristalle darin waren. Oder es wurde ein Kind geboren, dann nahmen sie es unter ihren Schutz. War es ein Mädchen, so setzten sie ihm ganz leise des Nachts eine Nelkenkrone auf das Haupt, die nicht verwelkte und sich nach dreien Tagen in lauteres Gold verwandelte, den Knaben aber banden sie eine lange Kette von 18 Mohnköpfen um den Hals, die sich ebenfalls in das reinste Silber verwandelte. Wenn ein Kind ins Wasser gefallen war, trugen sie es sanft an das Ufer und beim Baden schützten sie überhaupt die Kleinen vor dem Ertrinken und lehrten sie schwimmen. So wurden sie immer dreister und sprachen mit den Menschen und vergnügten sich mit ihnen an ihren Festtagen.

IV.

Die schöne Friga.

Besonders war es eine, die durch ihre wunderbare Schönheit vor allen sich auszeichnete. Ihr goldig blondes Haar und ihre meertiefen blauen Augen hatten auch bald das Herz eines hübschen schlanken Jünglings mit dunklem Aug' und Haar ganz und gar eingenommen. Lange hatte er es verschwiegen, als sie aber eines Tages auch wieder vom Tanz punkt elf verschwand, war er ihr nachgeeilt, hatte sie umfaßt und seine brennenden Lippen auf ihren Mund gepreßt. Sie war ihm aber schnell aus den Händen geschlüpft und in die Saale gesprungen. Am andern Abend saß er sehnsüchtig am Ufer und schaute hinab in die Fluten. Es währte nicht lange, so vernahm er ein Rauschen und Klingen in den Wogen, bis sie sich plötzlich teilten und seine geliebte Nixe erschien. Sanft stieg sie zu ihm empor. Da wollte er sie heiß umfangen und in seine Arme schließen, sie aber wehrte ihm und sprach:

„Ich weiß, daß Du mich liebst und auch mein Herz entbrennet in heißer Liebe gegen Dich. Da es uns aber nicht vergönnt ist, auf der Erde das süße Glück der Ehe zu genießen, so mußt Du mit mir ins Wasser gehen und darfst nie wieder zur Erde zurückkehren. Ein Jahr lasse ich Dir Bedenkzeit; Du wirst mich nicht eher wieder sehen, als bis diese Zeit verstrichen ist. Wenn dann der Mond wieder über die Eichen drüben am Ufer schaut, um dieselbe Stunde wie heute, erwarte ich Dich hier."

Damit war sie verschwunden. Hastig hatte er nach ihr gegriffen, um noch für die lange Zeit ein herziges Lebewol auf ihre Lippen zu drücken — vergebens, er hörte nur noch dumpfes Brausen aus der Tiefe, dann verschwammen die Wellen in immer weiteren Kreisen, bis die Saale wieder ruhig dahinströmte.

Ein ganzes Jahr — es war eine lange Zeit, und doch stand sein Entschluß so fest, folgen wollte er dem geliebten Weibe, und wenn es bis ans Ende der Welt wäre. Oft schlich er abends am Ufer der Saale entlang in der Hoffnung, nur einen Schein ihrer goldenen Haare zu sehen, aber umsonst. Auch die andern Nixen gaben ihm ausweichend eine scherzende Antwort, so oft er sie nach ihr frug. Endlich, endlich erschien die schöne Maienzeit wieder, von Tag zu Tag wurde der Mond voller und nun glänzte er über die alten Eichen herüber. Schon seit Sonnenuntergang hatte er an jener Stelle gesessen und die Zeit wurde ihm zur Ewigkeit, ehe sie erschien. Da vernahm er wieder das Rauschen, die Wellen schimmerten wie Silberglanz und plötzlich teilten sie sich. Eine lange, goldene Treppe führte hinab, von tausend Kerzen und Flammen erhellt. Auf der obersten Stufe aber stand in strahlender Schönheit, mit prächtig funkelndem Diadem, Friga, sie breitete ihre Arme aus und sprach mit sanfter Stimme: „Willst Du nun mein sein auf ewig?" Er flog ihr jauchzend entgegen: „Dein! Dein auf ewig, meine inniggeliebte Braut!" Die Wellen schlugen über ihnen zusammen und trugen sie leise hinab in den glitzernden, blendend leuchtenden Kristallpalast des Nixenkönigs. Der saß auf seinem Throne, um ihn wogten und tanzten die Nixen und kleinen Wassergeister und es war eine Pracht und Herrlichkeit, daß er gar nicht aufzusehen wagte. Sie traten beide vor ihn hin, er segnete sie und nun wurde eine glänzende Hochzeit gefeiert, das der Jubel bis an die Ufer hinaufklang.

Am andern Tag erzählten die Nixen den jungen Burschen von all der Freude und Herrlichkeit und dem Glück der beiden, keiner aber weiter fand sich unter ihnen, der das goldene Sonnenlicht dafür hingeben wollte.

Jahre waren vergangen und Glück und Segen blühete immer noch da unten im goldenen Palaste der Friga. Ein kleines Knäblein hatte sie ihm geboren und in inniger Liebe lebten sie still ihre Tage dahin. Da plötzlich — es war Frühling draußen und ein warmer Sonnenstrahl fiel durch die klaren Wasser — war es ihm, als zöge ihn eine unwiderstehliche Kraft nach oben. Er gedachte der grünenden Wiesen, der prächtigen Wälder, wie da alles jauchzt und jubelt in herrlichem Sonnenglanz und eine heiße Sehnsucht erfaßte ihn nach seiner Heimat. Nur einmal noch wollte er sie schauen, dann für ewig zurückkehren in die dumpfe Tiefe der Gewässer. Friga erschrak über den Entschluß und suchte ihn durch flehentliche Bitten abzuhalten. Aber kein Flehen, keine Thränen halfen. Sie mußte endlich zugeben. Drei Tage hatte ihm der König erlaubt auf der Erde zu bleiben, kehre er dann nicht zurück, so sei ihm der Palast für ewig verschlossen. Mit schwerem Herzen geleitete ihn Friga bis an das Ufer. noch einmal umarmte sie ihn und küßte ihn heiß und innig, als müsse sie für ewig von ihm Abschied nehmen. Dann stieg er empor. Wie Schuppen fiel es ihm von den Augen, als er die helle Sonne so freundlich wieder strahlen sah und aus Grabesnacht däuchte es ihm entronnen zu sein, als er die freie, frische Luft wieder athmete. Er stürzte zu Boden und küßte die Erde heiß und lange. Dann sprang er auf und rannte zu dem kleinen Hüttchen — da — vor der Thür saß sein altes Mütterchen, schluchzend fiel er ihr um den Hals und weinte lange, lange. Es ward ihm so unaussprechlich warm ums Herz, wie er es da unten nie, nie gefühlt hatte. Mütterchen hatte ja so um ihn geweint und sich gesorgt und gebangt, als sie von seinem Entschluß gehört hatte; nun hatte sie ihn wieder, ihren einzigen, geliebten Sohn. Die Freude wollte nicht enden und allüberall war Jubel und Sonnenschein. Aber die Stunden verrannen geschwind und bald stand die Sonne zum drittenmal am höchsten am Himmel, dann, hatte ihm Friga gesagt, bin ich wieder hier und hole Dich wieder. Er hatte es ihr auch fest versprochen, und so nahm er denn Abschied, unendlich schweren Abschied, von all dem Lieben, was er auf der Erde hatte, und war entschlossen, wieder zu seinem geliebten Weibe zurückzukehren. Sie stand am Ufer mit ihrem kleinen Knäblein, das frohlockte, als es den Vater kommen sah, und streckte ihm beide Händchen entgegen.

„Ja, ja, ich komme, mein süßer Liebling", rief er ihm von weitem schon zu und beeilte seine Schritte. Friga reichte ihm die Hand — er schauderte zusammen — zum erstenmale bemerkte er daß kaltes Fischblut in ihren Adern rolle und daß sie so durchsichtig bleich aussah. Dann blickte er in die Tiefe und es überlief ihn eisigkalt bei dem Gedanken, daß er den goldenen warmen Sonnenstrahl nie wieder sehen solle und ewig in dem kalten Sumpf da unten sein Leben vertrauern müßte. Mit Entsetzen trat er einen Schritt zurück: „Nie, nie", rief er, „trägst Du mich wieder da hinab, und wenn Du mir Saalvaters Krone bötest, ich kann nicht. Aber bleibe hier oben, geliebtes Weib, hier im herrlichen Sonnenglanz laß uns unsere Hütte bauen, vergiß die kalte kristallene Pracht — ich will es Dir danken, so lange ich lebe!" Ernst und stumm hatte ihm Friga zugehört, flehend blickten ihn die schönen meerblauen Augen an, als wollten sie sagen: „verlaß mich nicht". — Da war es ihm ums Herz wie an jenem Abend, wo er sie zuerst geschaut hatte; noch einmal lohte die unendliche Liebe in ihm auf, er raffte sich zusammen, er wollte die Stufen hinabsteigen, aber eine unwiderstehliche Gewalt hielt ihn zurück, wie eine Mauer stand es zwischen ihm und ihr.

„Ich kann nicht", rief er und sank erschöpft zu Boden. Friga hatte kein Wort gesprochen, ein unaussprechlich weher Schmerz zuckte über ihr Gesicht und mit zitternder Stimme begann sie: „So müssen wir scheiden — scheiden auf ewig. Das Knäblein aber gehört zur Hälfte mir, zur andern Hälfte Dir zu!" Dabei preßte sie es heftig an die Brust und herzte und küßte es lange. Ein grollender Donner erscholl aus der Tiefe herauf, die Wogen schlugen über sie zusammen, und in demselben Augenblicke trug eine Welle sanft die eine Hälfte des Knäbleins ans Ufer, die andere aber schwamm munter als eines goldenes Fischchen am Rande der Saale hin und her, — Ohnmächtig war er bei dem Donner niedergesunken, ein langer Schlaf erquickte ihn und im Traume sah er noch einmal all' die schönen Tage an sich vorübergleiten, die er mit Friga verlebt hatte. Als er aufwachte war es Nacht um ihn, der Mond stand am Himmel und warf seine silbernen Strahlen auf Busch und Weiher. Neben ihm lag sein totes Knäblein. Er zuckte zusammen, dann nahm er es auf und begrub es am Ufer. Am andern Morgen stand an der Stelle eine weiße Lilie, die neigte sich zur Saale hinab und ein goldenes Fischlein schwamm davor auf und ab und schaute wehmütig zu ihr empor.

Frigas Gatte irrte Tag und Nacht am Ufer entlang, den geliebten Namen rufend; aber sie kehrte nicht wieder und das Echo verhallte ohne Antwort im Winde. Er ist nie wieder froh geworden im Leben und hat endlich seine Sehnsucht in den Fluten versenkt. Die Wellen begruben ihn an der Stelle, wo er hinabgestiegen war und Friga sitzt an seinem Grabe und jammert und weint. Wenn der Vollmond hoch am Himmel steht und sich im Walde kein

Lüft'chen regt, dann kannst du ihre Klagen hören. Ihre Thränen fallen als große Perlen herab und schon oft blieb eine im Netze des Fischers hangen.

Die Nixen wirkten seitdem nur noch im Stillen für die Menschen und ließen sich nicht wieder sehen, bis die Menschen ihre Woltaten vergaßen und ihnen böses wollten. Das will ich Dir später erzählen. Die Geschenke der Nixen aber blieben in gutem Angedenken und noch bis auf diese Stunde tragen die Brautjungfern eine goldene Nelkenkrone und die Männer die 18 silbernen Mohnköpfe vorn an ihrer Kleidung. Auch heißt es, es könne ein Hallore nicht ertrinken, wenn er auch nicht schwimmen könnte. Deshalb werfen die Halloren ihre Kinder ohne Leine und ohne Gurt in das Wasser und bilden sie so zu tüchtigen Schwimmern heran.

V.
Die
Gründung der Stadt Halle.

In der Nachbarschaft unter den angrenzenden Völkerstämmen erregte der Salzreichtum bald Neid und so versuchten diese auch bald die Quelle an sich zu reißen. Zuerst kamen die Slaven auf ihren Streifzügen dahin und wollten sich in ihren Besitz setzen. Sie nannten die Leute, die Salz bereiteten, in ihrer Sprache die Hall=ur, das heißt zu deutsch die Salzmänner, und diesen Namen haben sie bis heute behalten. Die Halloren waren eine streitbare Macht geworden; trieben jene von ihrem Eigentum mit Stangen und Schwertern zurück, wobei sie manchmal noch durch die Nixen unterstützt wurden. So waren einmal die Chatten mit Heeresmacht herangezogen. Schon standen sie am andern Saalufer und hatten dort ihr Lager aufgeschlagen, um andern Tags überzusetzen und die Halloren gefangen zu nehmen. In der Nacht, als alles schlief, da kamen die Nixen und Wellen und stiegen sacht an das Ufer und überschwemmten das ganze Lager, daß, wer nicht eilig die Flucht ergriff, in den Fluten ertrank. Unverrichteter Sache mußten sie abziehen und sind sobald nicht wieder gekommen. Wol aber drang bald darauf die Kunde aus ihrer früheren Heimat von einem mächtigen Kaiser zu ihnen, dem alles untertan sei und der auch seine Grenzen bis an die Saale erweitern wollte. Es war Kaiser Karl der Große. Er selbst kam zwar nicht, aber seinen Sohn, den König Karl, hatte er ausgesandt mit Mannen und Knechten. Sie drangen siegreich vor bis an die Elbe.

Die Halloren hatten sich nun im Laufe der Jahrhunderte stark vermehrt; auch gewannen sie das Salz nicht mehr in den Tellen, sondern hatten sich Hütten oder Kote gebaut, worin sie es in Pfannen siedeten. Acht solcher Kote standen auf der Halle und die Pfannen in denselben gehörten den acht fürnehmsten Familien, die von diesen den Namen der Pfänner erhielten. Es waren aber Pfänner im Thale zur Zeit Karls des Großen: erstens die Bornemanns oder Börner, die am Salzborne standen und die Soole schöpften, dann die Bornträger, welche die Soole von den Bornen zu den Koten trugen, die Büttner, die die Butten fertigten, in denen das Salzwasser geschöpft und in die Pfannen getragen wurde, die Pfanneschmidt, die die Pfannen zum Sieden schmiedeten, die Holzheuer, die das Holz fälleten und das Feuer unter-

hielten, die Seifährte, die die Fährte, das heißt das
schmutzige Salz, seieten und reinigten, die Stißer, die das
Salz siedeten und rührten und zerstießen und die Bäcker, die
das Salz bucken und in Würfel schnitten, damit es sich
besser transportiren ließ.

Immer näher rückte der Kriegslärm und die Halloren
waren unschlüssig, was sie machen sollten, ob sie des Königs
Macht trotzen und sich mit Schwertern und Lanzen wehren
oder sich unterwerfen sollten. Andere rieten wieder, man
solle die Quelle verstopfen und sich in die nahegelegenen
Wälder flüchten, bis die Kriegsnot vorüber sei. Während
sie sich aber noch beredeten, wurde es auf den Bergen le=
bendig. Das glitzerte und funkelte in blanken Stahl=
rüstungen und Panzerhauben und die Sonne brach sich
tausendfach in den Lanzenspitzen und in den glänzenden
Schwertern; ein Haufe nach dem andern kam herunter
geritten und bald war die ganze Ebene mit Reisigen zu
Fuß und zu Pferde angefüllt. Ehe es sich die Halloren
versahen, stand der König Karl, umgeben von seinen Heer•
führern und Vasallen, hoch zu Roß vor ihnen. Er trug
einen prächtigen Helm mit einer Krone darauf und einen
schweren Purpurmantel mit weißem Hermelin verbrämt,
eine goldene Rüstung und ein mächtiges Schwert an der
Seite. Geblendet von der Pracht und dem nie gesehenen
Glanz, waren sie auf den Boden gestürzt und fleheten

um Gnade. Da aber der König die ihm wolbekannte Sprache vernahm, ward er froh und sagte ihnen, sie sollten aufstehen und sich eine Gnade ausbitten.

Da trat der Älteste hervor und sprach: „Herr, siehe wir haben gut zu leben und darben nicht, denn das Holz und die Soole geben uns satt, aber die Nachbarn kommen und zerstören oft, was wir uns mühsam gebaut haben. Darum laß uns unsere Häuser befestigen und die Halle mit Mauer umgeben und hier eine Stadt gründen."

Der König betrachtete sie von oben bis unten und da sie in ihren rußigen und zerlumpten Arbeitskleidern dastanden, lachte er und antwortete: „Wovon wollt Ihr eine Stadt bauen, wollt Ihr vielleicht Eure Lumpen verkaufen und davon die Mauern und Türme errichten?" Sie antworteten ihm aber:

„han mer hüte water und holt,
 so han mer morne silber unde gold!"

„Nun so baut Euch meinetwegen eine Stadt aus Wasser und Holz", rief der König, „der Mond und die Sterne mögen Euch dazu leuchten!"

Die Halloren aber waren voller Freude, daß sie die Erlaubnis hatten; an Geld würde es ihnen nicht fehlen, da sie Holz genug zum Sieden und auch genug Soole hatten. Der König ließ sich nun einen Eid schwören, daß sie ihm getreue Untertanen sein wollten, und schenkte ihnen eine Fahne, die er von dem Bischof von Magdeburg hatte weihen lassen, damit sie sich um dieselbe im Kriege gegen ihre Feinde versammelten.

Es war aber gerade um die Zeit der Sonnenwende, wo sie ihre alten heidnischen Feste feierten, denn sie hatten von dem neuen Glauben noch nichts vernommen. Die großen bunten Teppiche, die die Weiber in den langen Winternächten gewebt hatten und in denen prächtig die Bilder der alten Götzen, Thor und Freia und Baldur, der wie der Prinz im Dornröschen mit seinem Kusse die von Eis und Schnee umstrickte Erde aus ihrem langen Winterschlaf erlöst, eingewebt waren, wurden aus den Kisten hervorgeholt; die Schilder wurden blank geputzt, Kissen und Decken auf die langen Bänke gelegt, so daß die Halle, in der man sonst nur große Salzsäcke sah, plötzlich zu einem Palast umgewandelt war.

Am andern Morgen strahlte die warme Sonne verlockend auf die Erde hernieder; alles war schon früh auf und festlich geschmückt; die Männer hatten ihre silbernen Mohnköpfe angetan, die Mägde ihre goldenen Nelkenkränze aufgesetzt und so schritten sie, jung und alt, zur Halle. Leben und rauschende Lust scholl in die Ferne und brach sich an den Felsen. Die langen Kriegshörner ertönten und nun begann der Zug. Heute sollte die Stadtgrenze mit der Fahne umritten werden. Der älteste Hallore saß auf dem

Opferpferde und ritt dem Zug voran; ihm folgten die
Fahnenjunker mit der Fahne, die Kranzjungfern und die
Halloren. Erst ging es dreimal um den Gutjahrbrunnen
dann um die Häuser, wo die Stadtmauer aufgebaut wer=
den sollte, zuletzt bewegte sich der Zug in die Halle zurück.
Das große Metfaß wurde hereingetragen, in der Mitte
ein mächtiges Feuer angezündet; die Priester schlachteten
das Pferd und brieten es. Mit dem Blute besprengten
sie die Waffen und Wände. Das Feuer lohte hell auf
und der Rauch stieg dicht zur Decke empor, daß der Ruß
losflockte. Gezecht wurde tüchtig und als die Stimmung
heiterer wurde, warf man sich mit den abgespeißten Kno=
chen, das war ein Zeichen guter Laune. Die Kriegssänger
stimmten frohe Lieder an, man tanzte und jubelte bis der
Mond am Himmel aufging und die Sterne sich zur
Mitternacht neigten. Manches Metfaß wurde ausgeleert
und es währte noch lange bis sich einer nach dem andern
nach Hause schlängelte, ja man munkelt sogar, der Morgen
hätte schon gegraut, als die letzten heimtaumelten.

VI.

Die Erbauung.

ags darauf war es freilich nicht viel mit dem Arbeiten, auch waren noch einige Fässer Met übrig geblieben und da diese nicht verderben sollten, wurde blauer Montag gemacht. Dann ging es aber fest an die Arbeit. Acht hohe Türme und vier Thore sollte die neue Stadtmauer haben. Jedem von den Pfännern wurde ein Turm zur Erbauung zugesprochen und diesen sollte er denn auch mit der dazu gehörigen Mauer durch seine Mannen verteidigen. Zwischen je zwei Türmen aber ward ein Thor gelassen, und umfaßten die Mauern ungefähr den Raum, den heute die Halle, der Moritzplatz und der alte Markt einnimmt. Die Thore lagen aber erstens am obern Ende der Saale, wo jetzt die Moritzkirche steht, das Holzenthor, weil dort herein die Holzheuer das Holz zum Sieden brachten und daran wohneten, zweitens am alten Markt das Buttenthor, weil dort die Büttner ihre Werkstätte hatten und die Butten verfertigten, drittens das Backthor, wo die Bäcker saßen und das zu dickem Brei verdunstete Salz in einer Backsteinform vollends trockneten, und viertens das Bornthor, wo jetzt die Klausbrücke ist, dort saßen die Bornträger und Bornemänner und mußten für seine Sicherheit wachen.

Tag und Nacht hatte man gearbeitet und oft hatten der Mond und die Sterne vom klaren Himmel herniedergeschaut und dem rüstigen Volke ihren Glanz gespendet. So war man endlich der Vollendung nahe, es fehlten nur noch die Zinnen an dem einen Turme. Hurtig half alles; man wollte noch bis Sonnenuntergang fertig sein, um dann am andern Morgen das Weihefest zu begehen. Aber die Sonne neigte sich, ohne daß der Zinnenkranz auf dem Turme im ganzen Umfange prangte. Immer noch zog man Steine empor, trug Lehm und Mörtel hinauf, und das Rufen und Hämmern durchtönte die herniedersinkende Nacht. Endlich verkündete ein freudiges Geschrei, daß der letzte Stein seinen Platz gefunden hatte. Man zog nun noch zu einem stärkenden Trunk Met in die Halle; auf dem Wege dorthin — das erste Mondviertel und die goldenen Sternlein funkelten aus der Höhe herab — blieb plötzlich der lange Bandermann stehen:

„Da seht", sagte er und zeigte gen Himmel, „da stehen der Mond und die Sterne und haben uns treulich geleuchtet, wie der König gesagt hat, laßt uns zum

Andenken sie in unser Wappen nehmen und sie als ewiges Wahrzeichen an den Stadtthoren auf=
hängen!"

Der Vorschlag fand Beifall und noch in derselben Nacht wurde ein Schild in der Halle angebracht, auf dem das Mondviertel und die Sterne zu sehen waren. Der andere Morgen versammelte das ganze Volk wieder zu lustiger Feier beim Met und Opferbraten und wieder ging es bis in die späte Nacht hinein, ehe sich der Jubel und Trubel verlief.

Die neue Stadt aber nannte man, wie der Ort früher schon benamset war von den Kaufleuten nach der Halle, in der das Salz getrocknet und aufbewahrt wird, Halle, und findet sich zuerst urkundlich bezeichnet in den Auf= zeichnungen der Franken, allwo es heißt: Im Jahre 806 sandte Karolus Magnus seinen Sohn wider die Wenden. Dieser ließ 2 Städte bauen, die eine Majdaburg, die andere an der Stelle, die genannt ward: Hala.*

Diesen Namen hat sie behalten und im Wappen glänzen noch der Mond und die Sterne, wie an jenem ersten Tage der Erbauung.

*Du Chesne, Scr. Rer. Francor. Tom. III. pag. 145 alteram vero in orientalem partem Sala ad locum, qui vocatur: Hala. Es ist also wahrscheinlich, daß der Name, wie noch heute, die Halle andeutet, nicht von Hallae, den Salzquellen, sondern von der Halle, wie im Englischen „Hall", herstammt.

VII.

Der Empfang des Königs.

Sobald es Frühjahr wurde und die ersten Störche wieder über die Saale strichen da staunten sie nicht schlecht, als sie die herrliche Stadt mit den Zinnen und Türmen liegen sahen. Fürsichtig setzten sie auf der Wiese ab und lugten mit ihren langen Hälsen hinüber. Besonders waren es die Weiber; sie ließen ihren Männchen vor Neugierde keine Ruhe, selbst wagten sie nicht hinüber zu gehen.

„Was geht's uns an", sagten diese aber, „fliegt selbst hinüber, wir wollen uns den Schnabel nicht verbrennen."

„Was soll aber aus den Bestellungen werden", antwortete ärgerlich Storchmama, „die uns die Halloren im vorigen Jahre aufgetragen haben? Wir haben eine ganze Portion mitgebracht".

„Richtig", nickte der Storchpapa bedächtig, „die müssen wir anbringen. Ich will sehen!" Dabei zog er seinen langen Hals ein, wippte ein paarmal mit den Flügeln, zog seine Beine an sich und war fort.

Nicht lange, so kam er wieder.

„Nun, haſt Du was geſehen?" rief ihm ſeine Frau von weitem zu und dabei konnte ſie vor Neugierde gar nicht mehr die Antwort abwarten.

„Ja", antwortete er lakoniſch.

„So rede doch", keifte ſie ihn an.

„Na warte doch nur, bis ich zur Ruhe komme — ſo — alſo weißt Du, wen ich getroffen habe — den dicken Ebert, dem wir nun jedesmal ſeit zwanzig Jahren ſchon unſer Traktat abgeliefert haben; er ſaß an der Mauer drüben und angelte. Die Halloren ſind's noch, nur vornehm ſind ſie geworden und haben ſich eine Stadt gebaut. Da können wir ruhig unſere Aufträge weiter ausrichten".

„So", ſagte Storchmama und ſpießte eben mit ihrem Schnabel einen dicken Froſch auf.

Auch anderes Volk brachte der neue Frühling. Außer den Kaufleuten, die alljährlich mit großen Karren und Wagen die Landſtraße daher kamen, waren es die raub- und rauſluſtigen Nachbarn wieder, die nichts Gutes im Schilde führten. Die Halloren leuchteten ihnen aber ſchön heim und trieben ſie wieder mit Stangen und Steinen von ihren Mauern weg.

Auch Boten kamen bald, die die Ankunft des Königs meldeten. Man bereitete ihm einen großen Empfang vor. Maien wurden aus dem nahen Walde herbeigeholt und an den Thoren und in den Straßen aufgepflanzt und besonders die Halle herrlich hergerichtet. Am oberen Ende bauten die Zimmerleute einen großen Thron auf, der mit Fellen und Teppichen bedeckt wurde. Dort sollte der König sitzen und die Huldigung der neuen Stadt entgegennehmen.

Dann zogen ihm die Pfänner mit der Fahne entgegen, um ihn im Festzuge einzuholen. Als sie auf die Höhe kamen, sahen sie schon das prächtige Lager von weitem, das der König unterhalb des Geveckensteins aufgeschlagen hatte. Sie führten aber eine Pfanne Salz und Eier mit sich, die sie in der Soole gekocht hatten. Als sie des Königs ansichtig wurden, traten sie vor ihn hin und sprachen, indem sie ihm das Salz und die Eier überreichten:

„Hoher König und Herre, mit Diner genädigsten Erlobnis han mer erbawet die Mawren und die Stadt, und bringen Dir all was mer hawe, Salt und Euer, und biten Dich unterthänigst zu komen unde die Huldung bi uns zu empfahn".

Der König nahm sie freundlich auf und versprach andern Tages hinab zu kommen und bei ihnen den Einzug zu halten.

VIII.

Die Belehnung und Weihe.

Sobald der nächste Morgen graute — es war zween Tage vor Sonnenwende — gingen die Halloren ihm entgegen und holeten ihn in die Stadt und alle Priester gingen mit zum Thore hinaus und führeten ein weißes Pferd in ihrer Mitte, so sie nachher zu opfern gedachten. Der König aber kam ihnen entgegengeritten hoch zu Roß mit seiner Mannschaft. Vor ihm ging der Bischof Adalbertus mit Altaristen und Mönchen, die hatten goldene und silberne Stolen und einer trug ein hohes silbernes Kreuz.

Da sie kamen vor die Halle, in der man den Thron errichtet hatte, saß der König ab, tat sein Gebet vor dem Kreuze, und die Priester sangen: „Te deum laudamus" Als das aus war, stieg er die Stufen hinauf und trat vor den Sessel. Seine Mannen standen zur Rechten, die Pfänner und Halloren zur Linken und es ging hervor Tilmann, der Börner, als Ältester, und sprach:

„Gnediger lieber Herre, Ewer Gnade sitze!"

Da setzte sich der König.

Da sprach der Älteste fürder:

„Gnediger lieber Herre, meyne Mannen seint bereit mit der Huldung".

Und er hieß sie aufrichten, und sie richteten auf, jeder die linke Hand, und hieß sie fürder, daß sie ihm nachsprechen sollten. Und er stabte ihnen den Eid also:

„Wir Pfenner unde Halloren, Burger dieser Stadt, schweren unserm gnedigen Herren, Herrn Carolum, Kunig der Franken entgegen getruwe un holt zu sein, als ein Mann seynem Herren tun sall, als uns Thor helfe mit seynen Göttern!"

Da merkte der König, daß sie noch Heiden waren und bekreuzigte sich und gelobte, eine Kirche zu bauen dem heiligen Michael, seinem Patron. Er ließ sich aber nichts merken und redete zu ihnen:

„Ich will mich wieder halten gen Euch, als ein frommer Herre".

Und sie huldigten ihm und brachten wiederum Eier und Salz. Er aber sprach zu ihnen, sie möchten sich eine Gnade ausbitten. Da antworteten sie ihm: „Herre, gib uns Din Roß zun Opfern".

Da gab er ihnen das Roß, auf dem er geritten war, mit prächtigem Sattel und Zeug. Bedingete aber, daß

sie es nicht opfern, sondern ihm zum Gedächtnis halten
sollten. Die Halloren jubelten darüber, setzten den Ältesten
darauf und führten es dreimal um den Gutjahrbrunnen
bei den Koten.

Darnach am Nachmittage tat der König die ersten
Lehen und er sprach zu jedem, den er belehnte:

"Ich lyhe Dir die Güter un di Pfanne ane gifft un
ane gabe vor Dich un Dine Magen bis in Ewigkeit".

Dann gab er den Pfännern jedem ein Schwert und
ein Schild und sprach zu den Bornemännern:

"Schilt un Schwert sei Din, füre es in Gottes un
Christi namen gen unsre unde sine Feinde. In Dinen
Schilte solt Du tran das Rad vom Borne, daraus Du
schöppest, schvarz in gold".

Zu den Bornträgern:

"Ich lyhe Dir die Güter und die Pfanne u. s. w."
ebenso wie zu den Börnern.

"Im Schilte solt Du tran die Stangen, mit denen
Du trägest, schvarz un silber".

Zu den Büttnern ebenso:

"Im Schilte solt Du tran den Balken, aus dem Du
das Büttenholz schnitzest und ein Grif soll Dir das
Messer halten, rot in Golde".

Zu den Pfanneschmidt ebenso:

„Im Schilte solt Du tran den Leu, der Dir den Hammer hält, schwarz in rot".

Zu den Holzheuern ebenso:

„Im Schilte solt Du tran die Axt im Stamme, mit der Du Din Holz fällest, im blawen Felde".

Zu den Seyfarten ebenso:

„Im Schilte solt Du tran die Sterne, zu denen Du die Fährte seiest, gold un blau".

Zu den Stißern ebenso:

„Im Schilte solt Du tran die Sterne und die Stößer, mit denen Du die Salze zerstößest, weiß un blau".

Und zu den Bäckern ebenso:

„Im Schilte solt Du tran die Sterne und die Würsel, zu denen Du die Salze bäckest, rot un weiß".

Dann sprach er weiter:

„Denen Pfennern lyhe ich den Salzkorb unde die Pfannenhaken im Banner blau un weiß, der ganzen Stadt aber den Mond und die Sterne, so ihr leuchtetet und leuchten megen in alle un ewige Geziten, mit rotem Schein auf wissem Grund".

Darnach hieß er dem Bischof die Mauern und Türme weihen, und sie zogen aus und weiheten sie und besprengeten sie mit Weihwasser nnd predigten von Jesu Christo, und die Menge ließ sich taufen Mann für Mann.

Dieweil aber die Stadt zu enge war für eine Kirche,

zog der König vor das Buttenthor, stieß dort das Kreuz in die Erde und stiftete allda eine Kapelle dem heiligen Michael, wie er gelobet hatte, und gab den Priestern hundert Mark Gold, daß sie sie baueten.

So zog er von dannen.

Die aber von Halle jubelten und jauchzten, und die Freude war groß über die empfangene Huld.

Zwei Tage nachher feierten sie das große Sonnenwendfest und die Mönche, die zurückgeblieben waren, predigten vom heiligen Geiste.

Die Halloren nahmen darauf das Pferd, das sie vom König geschenkt bekommen und die Fahne und zogen wieder um den Born und die Stadt und gelobten, es jedes Jahr zu tun um die Zeit der Pfingsten, zum Gedächtnis an ihren König und Herrn.

So haben sie es gehalten bis vor wenigen Jahren, da das Bier so teuer ward. Aber der alte Moritz hat es mir fest versprochen, daß sie es heuer beim Pfingstbier wieder so halten wollen wie zu den Zeiten Karls des Großen.

Die Mönche bauten nun eifrig an der neuen Kirche und noch ehe der Winter die Zinnen und Türme der Stadt mit Schnee bedeckte, ragte ihr Dach neben der Mauer empor und ward eingeweihet am 29. September als am Tage des heiligen Michaels, ihres Beschützers.

Der König ließ ferner den Geveckenstein befestigen und setzte einen Burggrafen mit 90 Mannen darauf als Grenzschutz gegen die Wenden. Auch ließ er ein Kloster nicht weit von Halle errichten, und weil die Bauleute und Mönche, so die Michaeliskapelle gebauet hatten, von da zu dem Klosterbau als zu einem neuen Werk übergingen, ward es geheißen zum „Neuen Werk", und sind dessen Ruinen noch zu sehen in der Cichorienfabrik vor dem Kirchthore.

IX.
Vom Roland.

Es währete nun nicht lange, so kam ein Sendgraf Kaiser Karl's des Großen nach Halle, der brachte ihnen die Privilegien und Urkunden und forderte den Zehnten, wie es damals Sitte war für Kaiser und Reich und zwar sollten sie diese Abgaben in Salz liefern für die kaiserliche Küche.

Es saß aber damals Kaiser Karl zu Aachen in seinem prächtigen Saale und hielt Hof, und aus allen Gauen seines Reiches waren die Fürsten und Herzöge herbei gekommen und dieneten ihm. Und er sprach Recht und schlichtete den Streit, so jemand hatte mit seinem Nachbar. Da meldete eines Tages der Diener, es seien große stattliche Leute draußen mit Karren und Kisten, die wollten den Kaiser sprechen. Es waren dies aber die Halloren, die selbst kamen und den Tribut brachten. Karl der Große ließ sie hereinführen und nahm sie freundlich auf. Da es aber gerade Herbst war, wo die Lerchen strichen, so hatten sie ihm auch 9 Schock mitgebracht zum Geschenk. Der König lohnte es ihnen und gab ihnen einen goldenen Becher und frug, ob sie noch ein Begehr hätten. Da trat Humfried, einer von den Halloren hervor und sprach: „Herre, Du hast uns erlowet, eine Stadt zu bowen, und uns erzeuget viel Genade, so wirst Du uns sin, ein getreuer Herr und gerechter Richter."

„Das will ich sein", sprach der Kaiser.

„Ich komme vor gehegit Ding", fuhr jener fort, „und klage gen Mertin Stammere umme eynen Dotschlag, da he minen Bruder Hansen vomme Levende tu dem Dode bracht hat".

Da ergrimmte der Kaiser und versprach ihm beizustehen und Recht sprechen zu lassen durch seinen Paladin, den er nach Halle senden wollte, und er hieß sie hinziehen in Frieden und übers Jahr wieder zu kommen.

Er sandte aber seiner Schwester Sohn, den kühnen Roland, hinab in die Sachsenlande, daß er Ding hegen solle und in seinem Namen Recht sprechen und bestrafen, wer in seinem Bann gefrevelt hatte.

Da zog Roland hinab an die Elbe durch alle Städte und Gaue bis hinauf an die Saale und ließ Standbilder errichten von Kaiser Karl, zum Zeichen, daß ein kaiserlich Gericht sei, und sprach Recht für Jedermann. Er war aber eine schöne stattliche Figur mit goldblondem Haar, an der Seite trug er sein Schwert Durant und sein Horn Olivant.

So kam er auch nach Halle und hielt dort Gericht

und hegte Ding auf dem Berge, vor der Halle, außerhalb der Stadt, allwo jetzt die Ratswage steht. Dort ließ er errichten ein Standbild Kaiser Karls 5 Ellen groß, und ließ es bekleiden mit Gold und Purpur und gab ihm ein mächtig Schwert in die Rechte und ein Schild in die Linke, auf dem stand:

> Frieden gew' ick,
> Freiheit gewehr ick,
> Recht verbürg' ick,
> Missetat würg' ick.

Davor stellete er einen Sessel und rechts und links eine Bank. Das Ganze hegte er ein mit Ketten. Danach richtete er aus den Pfännern acht Schöffen, die saßen auf der Bank, vier zu seiner Linken und viere zur Rechten; und er ließ ausrufen durch seine Herolde, daß er drei Tage von Sonnen-Aufgang bis Untergang auf dem Berge Gericht halte und Recht sprechen wolle im Namen des Kaisers.

Und sie kamen und klagten wider einander und erhielten Recht. Das Volk stand außerhalb des Ringes und schauete zu.

Da kam auch Hunefrid vor gehegit Ding und klagete gen Mertin Stammere umme eynen Dotschlag, da he sinen Bruder Hansen vomme Levende tu dem Dode bracht het.

Da kam Mertin Stammer vor gehegit Ding und ledigte sich des Todschlages und bot Buße 30 Mark Silber

Die Schöppen frugen nun Hunefrid, ob er Buße

fordere oder Vergeltung, und er antwortete: „Buße", und
sie einigten sich um die 30 Mark und Mertin Stammere
ward lediget des Blutbannes.

Als nun niemand mehr kam, da ließ es Roland dreimal
ausrufen, ob noch jemand zu klagen hätte. Dann schloß
er das Gericht. Und sie traten darnach zusammen und
er hieß sie einen Grafen wählen, der richtete an seiner
Statt des Jahres viermal vor dem Bilde des Kaisers
auf dem Berge. Sie kühreten aber Hansen vom Steyne
und Roland belehnte ihn mit dem Richtschwert und ließ
ihn schwören, Recht zu sprechen in des Kaisers Namen,
was Recht sei, und zu verwürken die Missetaten so Misse=
taten seien. Und er schwur es ihm.

Roland zog darauf von dannen, denn die Saracenen
waren in die Lande eingefallen. Nicht lange darnach kam
die Kunde von seinem Tode. Weil er aber ein so statt=
licher Ritter gewesen war und ihnen so zu Gefallen, so
nannte man ihm zu Gedächtniß das vor Gericht gehen
„vor den Roland treten" und es ist von da der Name
auf die Statue übergegangen. —

Der alte Roland ist aber einmal in einer Feuersbrunst
umgekommen, denn er war von Holz, und man hat dafür
einen steinernen hingestellt. Das Gericht vor dem Roland
war dazumal schon eingeschlafen und man hat ihm des=
halb einen Schlafrock angezogen, und nur wenn der Erb=

feind an der Grenze steht und mit Krieg droht, dann sieht man ihn nachts in strahlender Rüstung dastehen mit flammendem Schwerte, und durch die Lüfte hört man den Mahnruf des Olivanthornes schallen. Dann bricht er auf und reitet rasend davon, daß die Funken sprühen, und wie die wilde Jagd geht es durch die Lande und ein Schrecken fährt unter die Feinde.

Am andern Morgen aber steht er wieder ruhig an seiner Stelle, nur sein Schwert ist von dem heißen Kampfe der Nacht rot gefärbt und dicke Blutstropfen fallen zur Erde So hat man es in den Freiheitskriegen und 1870 öfter gesehen.

Die Brüder vom Thale nun zogen alljährlich hinab nach Aachen und brachten den Zehnten und sonstige Geschenke. Als aber der Kaiser Karolus Magnus gestorben war und im Dom zu Aachen beigesetzt, folgte ihm sein Sohn, der fromme Ludwig, auf den Thron. Der ließ sich huldigen von allen Großen des Reiches und den Städten in seinen Landen. Da machten sich die Halloren auf und kamen an seinen Hof und huldigten ihm, und er entließ sie gnädig und schenkte ihnen sein Pferd, auf dem er geritten war, sammt Sattel und Zaum, und eine Fahne, die ihnen versprochen war, und seitdem haben es alle Könige und Kaiser so gehalten bis zu unserem geliebten Kaiser Wilhelm dem Großen.

X.

Vom Moritzkloster.

Unter den folgenden Königen wuchs die Stadt und mehrete sich ihr Ruhm und zogen herbei von allen Gegenden die Edlen des Landes und wurden hier seßhaft, so daß die Mauern bald zu enge wurden und man vor denselben Häuser und Höfe errichtete. So waren es besonders die Herren von Brunen oder Braunen, die vor dem Holzenthor einen Rittersitz oder Warte errichteten, nach dem heute noch die Gasse die Brunoswarte heißt. Dann die Hagedorns Warte oder Sitz, wo anjetzo die St. Ulrichskirche und die Predigerhäuser stehen, des von Grashoff Rittersitz auf dem Neumarkte und dergleichen mehr. Auch Dörfer und Vorstädte entstanden bald, so das Dorf Ringleben, Glaucha, Klützendorf vor Glaucha, der Harz und später die Neustadt bei der Moritzkirche.

Da nun aber auch das Volk immer mehr sich zur Kirche hingezogen fühlte und die Michaels=Kapelle nicht mehr die Menge der Gläubigen fassen konnte, wandten sich die Pfänner an den Erzbischof Wichmann nach Magdeburg, er möge ihnen eine neue große Kirche bauen; dazu kam noch ein anderer Grund. Die Patrizier von Halle sandten nämlich ihre Söhne nach dem Kloster zum Neuen Werk in die Klosterschule. Es verwaltete nun zu Probst Heidenrici Zeiten ein Mönch, Namens Rudolfus, das Schulmeister=Amt und war sehr streng. Unter seinen Schülern aber waren viele Erwachsene dabei, die sich die körperliche Züchtigung nicht mehr gefallen lassen wollten.

Als daher Rudolfus wieder einmal gegen einen der älteren sehr hart verfuhr, fielen sie über ihn her, zogen ihm die Kutte über den Kopf, banden sie dann oben zusammen, so daß er sich mit den Händen nicht rühren konnte, und verprügelten ihn nach Herzenslust. Darnach machten sie sich aus dem Staube. Tags darauf sandte natürlich der Prior nach Halle und ließ sie sich ausfordern, um sie mit der Klosterdisziplin zu strafen. Sie wurden ihm aber verweigert, worauf ein großer Streit entstand. Da sich die Pfänner jedoch offen vorzugehen nicht getrauten und dem Kloster wiederum schaden wollten, wandten sie sich an den Erzbischof Wichmann, wurden ihm vorstellig, wie es zum Aufnehmen und Ansehen der Stadt gereichen und der Erzbischof dadurch den Himmel verdienen würde, wenn er ein Kloster in der Stadt errichten wollte, wozu sie die Kosten von ihren Mitteln herzugeben sich erboten. Welches sich denn der Erzbischof gefallen lassen und die Kirche und das Kloster zu St. Moritz zu bauen befohlen hat.

Es wurde dieser Bau aber dem heiligen Mauritio oder Moritz gewidmet, weil er auch Schutzpatron des Erzbistums Magdeburg ist. Selbiger soll ein Mohr und Oberster der sogenannten Thebeischen Legion unter des Kaisers Maximiniani Herculei Armee, im Jahre Christi 286 gewesen sein. Als er im gelobten Lande in den Winterquartieren gelegen, soll er sich von dem Bischof Zambdal zu Jerusalem haben taufen lassen; hernach habe er mit seiner Legion des Kaisers Armee folgen müssen; welcher, als er die Alpen passieret, sich in einer Ebene um den Fluß Rhodanum gelagert und den Göttern zu opfern befohlen. Weil nun Mauritius an solcher Abgötterei ein Greuel gehabt, sei er mit seiner Legion aus dem Lager gezogen, 8 Meilen davon hinweg marschiert, und als er um dessen Ursache von dem Kaiser befragt worden, zur Antwort gegeben haben, daß er und seine ganze Legion Christen wären. Worauf der Kaiser den zehnten Mann von ihnen tödten, und da die anderen sich dadurch nicht abschrecken lassen, die ganze Legion von 6666 Mann niederzumachen befohlen. Dies ist auch an einem Ort in Unter-Wallis, Agaunum, jetzo S. Mauritz genannt, erfolgt, wohin ihm zu Ehren nachgehends König Sigismund in

Burgundien ein schönes Kloster erbauet und nach seinem Namen benennet. Seine Reliquien erhielt Kaiser Otto der Große vom Papst Johann, brachte solche nebst vielen Gebeinen der Märtyrer von seiner Legion nach Magdeburg und errichtete ihm zu Ehren das Erzstift daselbst.

XI.

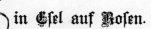

Ein Esel auf Rosen.

„Die Arbeit und den Nuß, darin zu Hall
besteht
Das Salzwerk, zeiget an, der hier auf
Rosen geht."

Als nun das Kloster und die Kirche zu St. Moritz
fertig war, bat man den Erzbischof, daß er kommen möge
und es einweihen. Der Tag war bestimmt und man
hatte alles festlich geschmückt; von den Türmen wehten
Fahnen und Wimpeln und die Thore waren mit Laub
und Kränzen umwunden. Ehrenpforten wurden gebaut
und der Weg nach Bölberg, von wo er erwartet wurde
mit weißem Sand und roten Rosen, als den Farben der
Stadt, bestreut. Die Pfänner mit den Grafen zu Thal
und der Ratsmeister und Ratsmannen hatten ihre Sonn-
tagsröcke angezogen und standen weit bis vor das Thor hinaus.

Die Glocken wurden geläutet, alles war in feierlicher, gehobener Stimmung. Der Bürgermeister studirte eben noch einmal seine Rede durch, die er zum Empfang halten wollte, da plötzlich kam der Wächter vom Bornthore angestürzt und meldete, daß der Erzbischof von der andern Seite ankomme. In aller Hast und Eile stürmte nun Alles kopfüber nach dem andern Thore, wobei manchem wol der Atem ausging, und der dicke Schultheiß fiel dermaßen auf seine große rote Nase, daß er wenig Vergnügen nachher von der ganzen Einweihung gehabt hat und sich nur immer seine dicke Nase hielt.

Der Bischof hatte nämlich, weil die Saale vom Regen so angeschwollen war, nicht übersetzen können und mußte deshalb unterhalb Halle einen Übergang suchen, daher kam er nicht durch das Holzenthor. Während er nun auf der einen Seite feierlichst eingeholt wurde, trieb auf der andern ein Müller, der von Bölberg her Mehl in die Stadt schaffen wollte, gemütlich seinen Esel die Landstraße daher. Ohne sich daran zu kehren, ging er mit ihm weiter, über die Rosen und Blumen durch das geschmückte Thor seinen Weg, der von dem Festzug nun verlassen war. Gerade kam derselbe mit dem Erzbischof an der Moritzkirche an, als auch der Esel auf seinen Rosen lustig zum Thore hinein wanderte.

Der Erzbischof war guter Laune und drehte sich

zu dem Magistrat um und sagte: „Seht den Esel, der auf Rosen geht, den müßt Ihr als Wahrzeichen Eurer Stadt aufnehmen". Deshalb und weil er damals viel Verwandte im Stadtrate hatte, wurde es dem Esel nicht schwer, ins Wahrzeichen zu kommen. Und so ist es geblieben bis auf den heutigen Tag.

Der Erzbischof aber zog in die Kirche und weihte sie und setzte als Prior des Klosters den Mönch Duto vom Neuen Werk dort ein.

Das Wahrzeichen wurde in Stein gehauen zum Gedächtnis an diesen Tag und befindet sich anjetzo rechts an den Hausmannstürmen in die Marktkirche eingemauert.

XII.

Giebichenstein.

Auf dem Steine, wo jetzt die Ruinen der Burg Giebichenstein emporragen, war vor vielen vielen Jahren, wie an den Ufern der Saale in jener Gegend überhaupt, ein dichter Urwald. Ihm gegenüber liegt der Ochsenberg, wo einst die Priester der Germanen der Hertha alljärhlich einen heiligen Stier opferten. Sie verstanden das Rauschen der heiligen Eichen und schnitzten Runen in die Eichenstäbe, warfen sie durcheinander und wußten daraus die Zukunft zu lesen.

So saßen sie einst wieder am Opferstein und hatten die Runen gemischt, da flammte plötzlich der Himmel blutigrot und die Eichen begannen zu rauschen und in den alten Ästen knarrte und knackte es, ein mächtiger Orkan erhob sich und fegte zwischen die Runenstäbe und warf sie durcheinander. Da wußten die Priester, daß eine schwere Zeit kommen würde und ein grauser Krieg die deutschen Gaue verheeren solle. Bald kamen auch einzelne flüchtige

Krieger, die über die Saale setzten, dann folgten ganze Schaaren und Züge mit Weib und Kind. Drusus mit seinen Legionen war über den Rhein in die deutschen Lande eingebrochen und trieb in wilder Flucht alles vor sich her, was sich nicht unterwerfen wollte. Schon hatte er den Harz überschritten und zog nun mit seiner Heeresmacht, alles verwüstend vom Kyffhäuser heran. Vor der Saale machte er Halt, und auf dem Steine, dessen Eichen auch der Hertha heilig waren, und an seinem Fuße hatte er sein Lager aufgeschlagen. Da wimmelte es von Römern und die Pferde zerstampften den heiligen Boden. Drusus aber hatte den Felsen ausersehen, um dort ein Kastell anzulegen und von hier aus die Länder weiter zu unterwerfen und sie zu beherrschen. Schon dröhnte die Axt durch den klagenden Wald und die alten Eichen stürzten ächzend und stöhnend zusammen.

Als der Abend herniedersank, stand der Feldherr am Ufer und spähete, wo sich wol am leichtesten eine Brücke darüber schlagen ließe. Da brauste es plötzlich schauerlich durch die Haine und in den Bergen grollte der Donner. Auf dem gegenüber liegenden Felsen, der schroff in die Saale fällt, war es taghell. In lichtem Strahlenglanze stand dort in übermenschlicher Gestalt und blendender Schönheit Hertha, die Göttin der Wälder. Ihr langes goldenes Haar wallte über das silberne Gewand und über

ihrem Haupte stand ein funkelnder Stern mit blutigrotem
Schweife. In der einen Hand hielt sie eine Geißel, die
andere streckte sie dem Drusus abwehrend entgegen und
rief ihm mit zürnendem Blicke zu:

> „Geh wec vom stein
> Din lewen is mein,
> Küst newer heim!"*)

Dann war sie verschwunden, der Stern aber mit dem
Schweif stand noch drohend am Himmel und leuchtete durch
die finstere Nacht.

Bleich vor Schreck war Drusus ins Lager gestürzt
und hatte die ganze Nacht kein Auge zugetan; nichts sah er
wie jenen Stern, der ihn wie eine blutige Geißel aus dem
Lande zu treiben schien. Noch ehe der Morgen graute,
brach er das Lager ab und machte sich auf. In jäher
Flucht jagte er davon, geängstet und scheu, wie vorher die
Germanen von ihm getrieben waren, und hinter ihm her
zog der Stern und jeden Abend, sobald die Sonne ge=
sunken war, schien ihm der Schweif blutiger und größer.
So erreichte er in wenigen Tagen den Rhein. Schon
sieht er ihn von ferne, da glaubt er plötzlich wieder das
schauerliche Brausen des Waldes zu vernehmen, Waffen
hört er klirren und wie Schwerthiebe saust es durch die

---

*) kerst nimmer heim.

Luft. In verzweifelter Angst drückt er seinem abgehetzten Rosse die Sporen tiefer in die Weichen — es strauchelt und ohnmächtig sinkt er zu Boden. — Als Leiche hat man ihn über den Rhein getragen.

Die Priester nun vom Ochsenberge nannten jenen Stein, wo das Lager gestanden hatte, den Gebecvomstein, woraus der Name Gebecenstein oder Giebichenstein geworden ist.

Nach vielen, vielen Jahren hat man dort auch noch römische Münzen und Geräte, so die Römer in der wilden Flucht liegen gelassen hatten, gefunden. Die Germanen kehrten aber in ihre Gaue zurück und da sie sahen, daß ihre Göttin Hertha den Gebecenstein so beschützt hatte, führten sie selbst den Entschluß des Drusus aus und legten dort eine Burg an. Später befestigten diese die Sachsen noch mehr und sie ward so stark, daß man besonders die Gefangenen dorthin brachte und es im ganzen Lande hieß:

> Wer kommt nach Giebichenstein,
> Kehrt selten wieder heim!

XIII.

Ein Weiteres von den Nixen.

Obwol die Halloren die Nixen immer noch als ihre heimlichen Woltäter still verehrt hatten, denn sie waren ihnen bei allen Dingen, so besonders beim Fischfang, immer sehr behülflich gewesen und hatten ihnen stets reiche Beute verschafft, wurden sie von den andern Menschen, die sich nun um Halle angebaut hatten und ihre guten Eigenschaften nicht kannten, verhöhnt und verspottet, und besonders die Priester und Mönche verleumdeten sie als Teufelsgesellen bei den Menschen und suchten sie zu vertreiben, so daß sie bald sehr böse wurden und jenen zu schaden suchten, wo sie nur konnten. Sobald ihnen nämlich eine Mißgeburt geboren wurde, so gingen sie Nachts heimlich in die Wohnungen der Menschen und nahmen ihnen die kleinen hübschen Kinderchen aus dem Bett und legten den alten häßlichen Kielkropf hinein. Wenn dann am andern Morgen die Eltern aufwachten und die eklige Gestalt im Bette liegen sahen, entsetzten sie sich darüber, denn ein solches Nixenkind hat einen großen dicken Wasserkopf, ist am ganzen Leibe mit zottigen Haaren bewachsen, hat oft grüne Augen und nur ein Nasenloch und schreit wie eine Unke. Auch lernt es nie sprechen und ist sehr wild und unartig. Sie eilten zum Priester oder ins Kloster und ließen es mit Weihwasser besprengen und darin baden, weil sie meinten, das Kind sei nur verhext, aber der Hokuspokus half nichts, das Kind war und blieb ein Kielkropf. Dadurch wurde der Haß auf die Nixen natürlich immer größer und diese durften sich nirgendmehr blicken lassen, sonst machte man ihnen gleich den Prozeß und verbrannte sie, nachdem man sie noch fürchterlich auf die Folter gespannt hatte. Auf der andern Seite aber hatten die Nixen den Menschen außer den Halloren große Feindschaft geschworen und wo sie ihrer habhaft werden konnten, da zogen sie sie ins Wasser und ertränkten sie. Besonders ist es der Johannitag, an dem sie ihre Opfer fordern. Wenn dann die heiße Sonne so auf die Saale niederbrennt und wol die Leute das Bedürfnis hegen, sich im Bade etwas abzukühlen, dann darf man nicht zu weit vom Ufer weg gehen und jeder muß sich ja vorsehen, daß er den Grund nicht verliert, denn sonst kommen die Nixen und ziehen ihn hinab und er ist ewig verloren. Auch sitzen sie oft am Ufer und auf dem Löwenkopf drüben bei der „Bergschenke" und singen so herrliche Lieder, daß wer nicht weiß, daß es Verlockung der Nixen ist, dem Gesange nachgeht und so davon eingenommen ist, daß er nicht merkt, wie er dem Ufer immer näher und näher kommt, bis er plötzlich hinabgleitet und von den Wogen verschlungen wird. Das ist die Frohna, die dort oben thront und aus Rache, daß einst ihr Geliebter von dem Grafen von Giebichenstein erschlagen wurde, damit dieser sie sein eigen nennen könne und weil er sie dann verlassen hat, alle treulosen Liebhaber mit schönen Liedern dahin lockt und dann in die Tiefe wirft. Das muß ich Dir ein andermal erzählen, heute sollst Du von dem Trothaer Schäfer und den Saalnixen hören.

In Trotha lebte einstmals ein Schäfer, der war sehr klug und konnte aus den Himmelszeichen die Zukunft bestimmen und wußte den Menschen daraus ihr Schicksal zu deuten. Oftmals nun saß er des Nachts auf den Trothaschen Felsen und schaute gen Himmel. Dann blies er wol auch manchmal auf seiner Schalmei heitere und traurige Weisen, wie es ihm gerade in den Sinn kam. So ließ er auch eines Abends ein lustiges Tanzlied durch die stille Natur ertönen, als er plötzlich bemerkte, daß eine ganze Schar reizender Nymphen auf der Wiese am andern Ufer darnach tanzte und sich in ausgelassenen Reigen umher tummelte. Er freute sich darüber und blies ruhig weiter immer neue Weisen und immer lustigere Tänze, bis vom nahen Kirchturm die Glocke elf schlug, dann schlüpften sie plötzlich alle in die Saale und waren verschwunden. Am folgenden Abend saß er wieder da und blies, und es dauerte auch nicht lange, bis die Nixen wieder kamen und ihr Spiel von neuem begannen. — So trieb er es eine Zeit lang so fort, bis es ihm endlich zu langweilig wurde und ihm ein recht schadenfroher Gedanke kam, den Nixen einen Streich zu spielen. Er hatte nämlich gehört, daß früher einmal des Abends zwei Nixen öfter in die Spinnstuben gekommen wären und dort allerhand hübsche Märchen erzählt. Als dann die Uhr elf geschlagen habe, seien sie plötzlich aufgebrochen und wieder in die Saale geeilt. Als man nun einmal die Uhr eine Stunde zurückgestellt habe, und sie so erst um 12 anstatt um 11 Uhr nach Hause gegangen seien, wäre am andern Tage die Saale blutig rot gewesen und die beiden seien nie wieder gekommen.

So wollte er denn auch mal sehen, ob es diesen ebenso ginge. Er ging, als es Abend wurde, auf den Kirchturm und stellte die Uhr dort um eine Stunde zurück. Dann setzte er sich wieder an die gewohnte Stelle und ließ seine Schalmei wie allabendlich in munteren Klängen ertönen. Nicht lange, so tanzten die Nixen wieder, nur das er diesmal noch tollere Weisen und rasendere Melodien erschallen ließ, damit die Zeit recht schnell verstreiche und sie den Betrug nicht vorzeitig merken sollten. Die Uhr hatte längst zehn geschlagen, so das in Wirklichkeit die Mitternacht nahe war. Nun blies er noch ein sanftes leises Lied, müde des Tollens und Springens hatten sie sich niedergesetzt und lauschten seinem Vortrag. Da dröhnte es plötzlich elf von der Kirche herüber. Mit dem letzten Schlage waren sie verschwunden, aber zugleich erhob sich ein Jammern und Wehklagen aus der Tiefe und ein heftiges Weinen und Schluchzen drang an das Ohr des Hirten, daß es ihm gar weh ums Herz wurde. Er ging ganz niedergeschlagen nach Hause, konnte aber keinen Schlaf finden, ein tiefes Sehnen zog ihn zu jener Stelle, wo er sie hatte verschwinden sehn, und das Wehklagen gellte ihm so laut in den Ohren, daß er wieder aufsprang vom Lager und zu den Felsen zurückeilte. Dort saß er bis der Morgen graute. Als aber die ersten Sonnenstrahlen auf die Saale fielen, da bäumten sich die Wellen hoch auf und er sah einen langen Blutstreifen in den Wassern. Geängstet und verstört irrte er den Tag über umher und als der Abend dämmerte, saß er schon auf den Felsen und blies und blies. Aber weder die lustigen Tänze noch die traurigen Lieder vermochten die Nixen wieder hervorzulocken, sie hatten wegen ihres Zuspätkommens den Tod erleiden müssen. Wer aber einmal das Jammergeschrei einer sterbenden Nixe hört, dem springt das Herz dabei, und so legte sich denn auch der Hirt an jenem Abend nieder und starb wenige Tage danach.

XIV.

Von der Niklauskapelle und den Saalaffen.

Die Nixen und Wassermänner besonders suchten den Leuten unterhalb der Stadt am Bornthore viel zu schaden und ihre Häuser durch Überschwemmung zu zerstören. Auf Anraten der Mönche vom Neuen Werk begann man daher zu deren Schutz, dort, wo jetzt die Klausstraße ist, eine Kapelle zu bauen, und wurde diese dem heiligen Nikolaus geweiht, weil er ein Schutzpatron aller derer, die mit dem Wasser zu tun haben, ist und sie vor den Wasserfluten schützt, wenn man recht fleißig zu ihm betet.

Der heilige Nikolaus ist aber ein besonderer Patron der Schiffer, Fischer und derer, so in Wassersnöten sind, und wird von ihnen verehrt, weil er auf einer Reise nach Egypten durch sein Gebet einen gewaltigen Sturm gestillet und das Schiff nebst dem darauf befindlichen Volke gerettet hat. Es pflegt daher sein Bildnis mit einem Fisch in der Hand dargestellt zu werden. Er war zu Podera in Asien geboren und hernach Bischof in Myra in Lydien, lebte im Anfang des IV. seculi, wurde in währender Verfolgung des Licinii gefangen und ins Elend verjagt; nachdem aber Licinius gestorben, und ihn Konstantinus aus dem Gefängnis erlöset, besuchte er sein Bistum zu Myra, und zerstörete die Götzentempel, soll auch auf dem Concilio zu Nicäa dem Ario mit zu wider gewesen sein, und ist Anno 343 gestorben. Er soll einem armen Manne, der drei Töchter gehabt, am Nikolaustage etliche Beutel Geld ins Haus geworfen haben, damit er sie ausstatten könne. Daher kommt die Gewohnheit, daß am St. Nikolaustage den Kindern allerhand Gaben an Nüssen, Obst und dergleichen mehr pflegt in die Stuben geworfen zu werden.

Als nun die Kapelle gegründet und konfirmieret ward, hatte dazu der Erzbischof Albertus vom Papst Gregor IX. eine heilige Reliquie des Nikolaus zu Geschenk bekommen, die dann in einem feinen silbernen und goldbeschlagenen Kästlein auf dem Altar aufbewahret ward. Es war die

Geißel, mit der er dereinst in Myra die Götzendiener aus dem Tempel getrieben hatte, und die sollte der Kirche einmal große Dienste erweisen. Denn nicht allein, daß vor ihr die Wellen, die das Ufer übersteigen wollten, zurückschreckten, sondern die Nixen und Saalgeister waren in beständiger Furcht vor ihr und ließen seitdem die Menschen in Frieden, sofern sie nicht in ihr Bereich kamen.

Nun war aber die alte Holzbrücke, die vor dem Bornthor über die Saale nach der Haide zu führte, schon sehr schlecht geworden, und man befürchtete, daß sie eines Tages einmal, wenn ein recht schwerer Salzwagen darüber fahren würde, zusammenstürzen möchte. Daher wurde beschlossen, eine neue steinerne dort hinzubauen und die Maurer und Steinhauer machten sich hurtig an die Arbeit. Als sie jedoch in der Mitte der Saale den Grund zu den großen Pfeilern legen wollten, da passierte es ihnen, daß in der Nacht immer alles, was sie am Tage dazu gebaut hatten, zerstört wurde. Zuerst glaubte man, die Konstruktionen seien nicht fest genug und legte infolgedessen immer stärkere an, die dem Strome trotzen sollten. Es half aber nichts. Des Morgens war alles wieder zerstört.

Verwundert darüber, wie das zuginge, blieben sie denn endlich einmal eine Nacht auf, um den Grund der Zerstörungen zu erforschen. Es war gerade Vollmond und die Strahlen fielen licht und klar in die Saale, daß sie

alles sehen konnten. Da bemerkten sie denn, wie plötzlich zwei große Saalmänner angeschwommen kamen, welche die mächtigen Steine wie Kiesel durcheinander warfen und alles demolierten. Am andern Morgen hielten sie Rat, was da zu tun sei, und wie diesen Unholden beizukommen wäre. Als sie nicht einig werden konnten, gingen sie zum Priester in die Niklauskapelle, der gerade den Morgen die Messe las, und trugen ihm die Geschichte vor. Nach kurzem Überlegen erzählte er ihnen das Wunder von der Geißel des hl. Nikolaus und befahl ihnen, einige geweihte Stückchen aus derselben mit einzumauern, dann würde alles unberührt stehen bleiben. Wie ihnen gesagt war, taten sie denn auch, und am andern Morgen fand man nicht nur alles unversehrt, sondern als man genauer zusah auch die Unholde auf dem Grunde der Saale tot liegen. Vor Schreck hatten sie mit den Händen Mund und Nase aufgerissen und waren in Steine verwandelt. So stehen sie noch in der Residenz auf dem Hofe und das Volk nennt sie wegen ihrer Fratzen, die sie scheiden, die Saal=
affen.

XV.

as schwarze Schloß.

Vor vielen, vielen Jahren stand da, wo jetzt die Trümmer der Moritzburg ragen, ein mächtiges Schloß. Es war auf einem hohen Felsen gebaut, der schroff in die Saale fiel und mit seinen Türmen und Zinnen ragte es weit über die Stadt und das Land hinaus und breite fischreiche Gräben umgaben den Berg. Dort hauste einst der wilde Graf Gero, der einen gottlosen und schändlichen Lebenswandel führte und von dem das Gerücht ging, daß er mit dem wilden Jäger gemeinschaftliche Sache mache und oft, wenn der Sturm über die Haide sauste und die gewaltigen Eichenstämme wie Grashalme bog, wollte man ihn haben ausreiten sehen und mit Hussa und Hallo den Zug der wilden Jagd begleiten. Daher nannte man ihn den schwarzen Grafen und seine Burg das schwarze Schloß. Am Tage wegelagerte er im Walde und wenn eine prächtige Jungfrau des Weges daherkam und fromm zur Kirche wallfahrete, stürzte er aus seinem Hinterhalt hervor und raubte

sie. Er schleppte sie auf sein Schloß und nachdem er sie
zu seinem Dienst gezwungen hatte jagte er sie mit Hohn
und Spott wieder zum Thore hinaus.

Und seine Dienerschaft war natürlich nicht besser, sie
raubten und sengten, wo sie nur konnten und man mußte
sich über die Langmut Gottes wundern, daß er das heil=
lose Gesindel so lange seinem strafenden Arme entzog.
Nun hatte aber der Graf eine Schwester, Namens Martha
die war eben so gottesfürchtig und fromm, wie er gottlos
und verrucht war; die lebte im Kloster zu Alsleben still
und zurückgezogen ihre Tage dahin. Sie kannte das Ge=
heimnis wol, daß sie des Grafen Schwester war, aber ein
strenges Gelübde verbot ihr, es zu verraten und so konnte
sie nichts weiter tun, als täglich inbrünstiglich für ihres
Bruders Seele und seine Besserung zu beten.

Allein sie sollte selbst bald ein Opfer seiner rohen
Willkür werden; denn als er sie einmal in ihrer Anmut
und Schönheit beim Kirchgang erblickt hatte, entbrannte
er in heißer Liebe zu ihr. Mit Waffengerassel brach er
in das Kloster ein, raubte sie und führte sie auf sein
Schloß, um sie dort zu zwingen, seine Gemalin zu werden.

In ihrer gänzlichen Verlassenheit wandte sie sich in
einem inbrünstigen Gebete an Gott mit der Bitte, sie doch
aus diesem Elend zu erlösen und ihren Bruder auf bessere
Wege zu geleiten. Und sie hatte nicht umsonst gefleht.

Denn es währte nicht lange, so sah der Graf auf einer seiner wilden Jagden in der Haide einen schneeweißen Hirsch, dem er sofort nachstürzte und die Hunde auf ihn hetzte. In heftiger Flucht ging es weit, weit, ohne daß er ihn einholte. Desto mehr ergrimmte aber der Graf und desto wilder wurde er und drückte dem Pferde die blutigen Sporen desto tiefer in die Seiten. Endlich erschien dem geängsteten Tiere ein Zufluchtsort. Es rannte in die Klause des alten Eremiten von Benkendorf und stürzte dort atemlos vor dem Kruzifixe nieder. Mit wildem Geheul kam ihm aber die Meute des Grafen nach und dieser selbst stach ihn mit roher Lust nieder. Dann brach er ihn auf und weidete ihn aus, um das Herz mitzunehmen. Zu seinem großen Erstaunen aber merkte er, wie auf dem roten Herzen ganz deutlich ein weißes Kreuz gezeichnet war.

„Geweiht!" rief er, „desto besser sollst du mir munden."

Kaum hatte er aber daheim das Herz verzehrt, als er auf einmal die Sprache der Tiere verstehen konnte. „Graf Gero! Flieh, Flieh!" rief der Hahn fortwährend, „Dein Schloß sinkt hin!" Erst traute er seinen Ohren kaum, als er aber wieder hinhorchte, vernahm er, wie die Ente schnakte: „Trapp Trapp, reit' den Burgberg 'rab!"

Da wurde es ihm himmelangst, schnell warf er sich auf sein mutigstes Roß und stürzte davon. Der Koch aber, der das Herz zubereitet und davon gekostet, hatte auch den Mahnruf des Hahnes verstanden und wollte sich an dem Schwanze des Pferdes festhalten und so mit retten. Da zog aber der Graf sein Schwert und hieb den Schwanz ab, daß der arme Koch zurückbleiben mußte. Noch hörte er, wie die Henne rief: „Schau nicht zurück, 's ist Dein Glück!" dann jagte er den Schloßberg herunter, daß die Funken stoben.

Schon fühlte er den Boden unter sich wanken, da brach ein jäher Donner los und ein mächtiges Unwetter prasselte nieder. Pfeilschnell flog der Renner mit dem Grafen dahin und erst beim Giebichenstein wagte er sich umzusehen. Da erblickte er eben noch beim fahlen Scheine eines Blitzes die zusammenstürzenden Zinnen seines Schlosses, über welche die schäumenden sturmgepeitschten Wasserwogen der Saale prasselnd zusammenrollten.

Dies schreckliche Strafgericht, aus dem er nur durch die heißen Gebete seiner Schwester erlöst war, hatten den Starrsinn des verstockten Sünders gebrochen. Zerknirscht wandte er sich zu Gott und bereuete seine Freveltaten bitter, indem er fortan ein Gott seliges Leben zu führen gelobte. Er zog sich ins Kloster zum Neuen Werk zurück und vermachte diesem seine ganzen Güter. Dort ist er in Reue und Glauben entschlafen und so lange das Kloster bestanden hat, sind dort für seiner Seele Heil alljährlich viele Messen gelesen worden.

Zu Mitternacht aber am Jakobustage, als an dem Tage, wo das schwarze Schloß von den Wogen verschlungen ward, kann man die Türme und Zinnen auf dem Grunde noch liegen sehen, mit dem ersten Glockenschlage erheben sie sich über den Wasserspiegel und versinken mit dem zwölften wieder.

Der Hallore Linke vom alten Markte, der dort in der Gegend öfter des Nachts früher angelte, hat sie zweimal gesehen. Er hat mir nachher die Geschichte erzählt und fest versichert, daß es wahr sei, und dem kann man mehr glauben wie seinem Nachbar.

XVI.

rau Holle.

Du haſt ſicher ſchon von der Frau Holle was gehört, die den Menſchenkindern öfter gern einen Schabernack ſpielt und beſonders in den zwölf Nächten von Weihnacht bis zum Drei-Königs-tage treibt ſie ihren Spott. Dann geht ſie in die Spinn-ſtuben, verwirrt das Gewebe, zerreißt die Fäden und ſtellt den Mädchen auf dem Heimwege ein Bein, daß ſie länge-lang mit ihrem Rocken hinſchlagen, und dabei will ſie ſich halb tot lachen. Man ſieht ſie natürlich nicht, ſondern hört nur in der Ferne ihre kreiſchende ſchadenfrohe Stimme. Aber man muß ſich wol in acht nehmen, auf ſie zu ſchimpfen oder böſes von ihr zu ſprechen, denn ſie hört alles und wird dann manchmal ſehr unangenehm. Der Aſſeſſor Schulze, er ist nun auch ſchon tot, der ſah immer den ganzen Tag zum Fenster raus, was es wol für Wetter würde; und wenn es dann öfter mal gehörig schneite, warf er sein Fenster zu und sagte: „Na, die hat's mal wieder ordentlich!" Damit meinte er nämlich die Frau Holle, die die Flocken zupft. Das war sie nun schon von ihm gewohnt. Als sie aber mal wieder oben auf dem Petersberg ihre Kaffeegesellschaft hatte und die alten Jungfern und Gevatterinnen, die sie vom Blocksberg her kannte, arg ins Geschnattere gekommen waren und dabei die Wolle zupften und wergten, daß es nur so eine Art hatte und der Schnee so dick in der Stadt wirbelte, daß man nicht die Hand vor den Augen sehen konnte, und als das gar nicht aufhören wollte, da wurde es ihm doch zu bunt und er rief: „Himmel und Mohren! Ist denn die alte dumme Gans rein verrückt geworden. Die Hexe läßt einen ja gar nicht mehr zum Fenster raus sehen!" Das hatte sie gehört. In der folgenden Nacht schlich sie in seinen prächtigen Hühnerstall und drehte allen den schönen Hähnen und Fasanen die Hälse um, daß sie am andern Morgen tot am Boden lagen und er sich mächtig darüber ärgerte, daß er braun und blau wurde. Er hat acht Tage lang vor Ärger nicht zum Fenster raus sehen können. Das hat er davon gehabt!

Ich habe auch mal einen Denkzettel von ihr bekommen und das war so: Manchmal ist sie nämlich sichtbar und dann hat sie die Gestalt eines alten grauen gebückten Mütterchens angenommen, mit häßlichen grauen Augen mit roten Rändern und einer nicht gerade lieblichen großen Nase. So geht sie unter die Menschen, um sie teils zum besten zu haben, teils aber auch manchmal sie zu prüfen. Es war nun ein prächtiger Herbstmorgen, der alte Oberst Berger hatte mich zur Jagd eingeladen und kreuzfidel und seelenvergnügt schlenderte ich mit meiner Flinte auf dem Rücken und der Jagdtasche an der Seite an der Saale entlang und dachte eben über die reiche Beute nach, die uns der herrliche Tag bringen würde, als mir dicht vor der Felsenburg ein altes Weib entgegenkam. Es war der erste Mensch, den ich an jenem Morgen zu sehen bekam, denn es war erst fünf Uhr früh, und da kannst Du Dir denken, daß ich nicht gerade sehr davon erbaut war. Ich ging auf die andere Seite hinüber und mit einem mehr waidmännischen als gerade morgenandächtigen Fluche über die alte Hexe an ihr vorbei. Kaum hatte ich aber geredet, so hatte ich Dir auch schon eine tüchtige Schelle weg und wie ich mich umsah, war niemand mehr da. Seitdem hab' ich's wolweislich runtergeschluckt, wenn mir so eine Alte vor der Jagd begegnet ist.

Einem Schäfer von Cröllwitz ist es aber mal sehr schlecht gegangen. Er trieb des Morgens seine Schafe auf den Ochsenberg. Da begegnete ihm auch ein altes

Weib — es war die Frau Holle wieder — und bat ihn um ein Stück Brot. In seiner übermütigen Laune aber nahm er seine Schaufel, stach damit in eine Pfütze, die gerade recht voll Schlamm war und warf ihr das ins Gesicht mit den Worten: „Da, Du alte Samengurke!" Im Nu stand sie aber bei ihm und schlug ihn mit ihrer Gerte ins Gesicht, daß er plötzlich zu Stein verwandelt wurde und seine Hunde und Schafe mit. Daher kommen die vielen großen Steine, die dort liegen und der arme Kerl muß nun dort sitzen als Steinbild bis an den jüngsten Tag.

XVII.

Ludwig der Springer.

Der reiche und prächtige Landgraf von Thüringen, Ludwig, war einst bei dem gestrengen Herzog Friedrich II. von Sachsen auf seiner Burg zu Gast, und da war ein großes Gerede im ganzen Sachsenlande von seiner schönen

Gestalt und seinem edlen Wesen und manch einer Maid sie
Herz schlug höher, wenn in seine leuchtenden blauen
Augen sah und er mit züchtiger Sitte sie ansprach oder
im lustigen Tanze seinen Arm um ihre Hüfte legte. Be=
sonders aber war es eine, die die schönen Augen in Fesseln
geschlagen hatten, und in heimlicher Sehnsucht stand sie
in ihrer Kemenate am Fenster und schaute hinaus, bis sie
seine Sporen im Burghof klirren hörte, bis er selbst kam
und sich auf das mutige Roß schwang, kühn dahin zu
stürmen durch Feld und Wald zur lustigen Jagd. Dann
wogte und brandete es in dem heißen Busen wie die stür=
mende See, die ihre schäumenden Wellen an den harten
Fels wirft und ihn doch nimmer zersplittern kann. Solch
ein Fels lag zwischen ihrem und seinem Herzen, denn sie
war die schöne Adelheid, die Gemalin des finsteren Herzogs,
und nun erst fühlte sie, wie entsetzlich schwer die Fesseln
auf ihr lasteten, die sie an jenen banden. Wenn er dann
hinaus war, saß sie stumm, das Haupt auf die Hand ge=
stützt, am Fenster und starrte in die Wolken. Wie ein
süßer Traum zog es ihr durch die Seele, als sie ihn zum
erstenmal gesehen. Es war ein festliches Tournier. Der
stolze Ritter mit der schwarzgrünen Feder hatte alle im
Kampfe aus dem Sattel gehoben und nun sollte er den
Lohn von ihr empfangen, den grünen Eichenkranz auf die
Stirn und einen züchtigen Kuß auf die roten Lippen.

Noch hatte sie sein Gesicht nicht gesehen, schon knieete er vor ihr — jetzt schlägt er das Visir zurück und ein schönes jugendliches Antlitz, von goldenen Locken umrahmt, schaut ihr mit zwei treuen blauen Augen entgegen. Sie beugt sich zu ihm nieder, ihre Lippen berühren die seinen, fast schwinden ihr die Sinne, aber ein starker, eisenbepanzerter Arm hält sie und zum Danke drückt er ihre weiche Hand fest an seinen Mund. Fanfaren ertönen und der Triumpfzug verschwindet in der Halle, um beim Mahl und Festgelage den Sieger zu feiern. — Der strenge Gemal hatte es wol gemerkt und seit jenem Tage durfte die schöne Adelheid ihre Kemenate nicht mehr verlassen. Aber die Liebe kennt keine Fesseln und die Sehnsucht keine Mauer, die ihr zu hoch wäre. Nur in die Kapelle durfte sie jeden Morgen zum Beten gehen. — Der Pater Guardian war der edlen Frau gewogen und so saß denn an einem Morgen ein herziges Weib und ein liebeglühender Jüngling in der stillen Kapelle im Beichtstuhl. Wer weiß, was sie gebeichtet haben alle zwei? Und am anderen Morgen nahm er Abschied vom Herzog und als er durch den Wald ritt, da war es ihm, als ob die Welt noch nie so schön gewesen sei, als heute, als ob die strahlende Sonne heller leuchte und die kleinen Vöglein herrlicher zwitscherten als je.

Bald danach ließ er den Herzog zu sich entbieten zu

festlichem Gastmahl und Tjosten und fröhlichem Jagen.
Die Tage vergingen in Lust und Scherz, manch edles
Wild ward erlegt und je heißer die Jagd wurde, desto
toller wurden die Jäger und je mehr Schwierigkeiten sich
ihnen boten, desto kühner überstanden sie dieselben. Das
kühnste und schwerste Stück kam aber noch. Tief, tief im
wilden Forste, wo die Bäume so dicht stehen, daß die
Sonne nicht durch ihre Zweige blicken kann und die Dornen
und das Dickicht so stark ist, daß man kaum durchdringen
kann, dort hauste ein wilder Eber. Es war ein alter
mächtiger Keiler, der alles verwüstete und der schon manchen
Jäger hart angerannt hatte, daß er keine Lust verspürte,
ihm zum zweitenmal zu begegnen. Der Herzog brannte
vor Begierde, ihn aufzuspüren. Schon hatte man seine
Fährte entdeckt. Durch die Ruhmsucht, den Keiler allein
erlegt zu haben, angefeuert, war er weit vorauf geeilt
und nur zwei Mannen des Landgrafen waren ihm gefolgt.
Da tönt plötzlich ein wildes Rufen durch den Wald, man
hört die Saufedern krachen, und durch das Gestöhn des
verendenden Ebers dringt ein lauter markerschütternder
Schrei. Man eilt hinzu — da liegt das wilde Tier ver-
blutend am Boden und neben ihm der Herzog, ebenfalls
blutüberströmt, tot dahingestreckt. Hatte ihn der Eber
angenommen und ihm seine Hauer in die Bauchhöhle ge=
setzt? — Niemand hat es erfahren.

Wie ein Lauffeuer verbreitete sich das Gerücht von dem Tode des Herzogs durchs ganze Sachsenland und bald trat diese und jene Vermutung dazu, so daß man im stillen den Landgrafen allgemein als seinen Mörder ausgab. Diese Vermutung wurde als Gewißheit hingestellt, als er noch in demselben Jahre hinabzog und die schöne Adelheid als Gemalin heimführte. Die Verwandten des ermordeten Herzogs traten nun in offener Fehde gegen ihn auf, um Blutrache an ihm zu nehmen. Da sie aber nichts gegen den mächtigen Thüringer vermochten, wurden sie dem Kaiser vorstellig und baten ihn, den Frevler zu bestrafen. Derselbe erklärte ihn in die Acht und man fahndete allerorten auf ihn. Lange Zeit war es ihm gelungen, die Anschläge seiner Feinde zu vernichten; als er aber einmal, es war eine kalte Dezembernacht, sich von Sangerhausen auf den Weg nach Halle gemacht hatte und in der Meinung, daß er am Weihnachtsfest wol sicher vor einem Überfall sei, wenig Mannen mitgenommen hatte, wurde er plötzlich beim Welfelsholz von einem Trupp Reiter überfallen. Nach mutiger Gegenwehr fiel er ohnmächtig vom Pferde. Die Reiter stürzten über ihn her, banden ihn fest zusammen und führten ihn als Gefangenen nach Giebichenstein. Als er wieder erwachte, befand er sich in einem tiefen Burgverließ, daß nur eine kleine Öffnung oben hatte und durch welche er seine Speise und

Getränke erhielt. Zwei lange Jahre mußte er dort schmachten, ohne daß ein Sonnenstrahl in die düstere Zelle drang, ohne daß ein stiller Gruß von seiner Adelheid zu ihm herniederwehte. Nur manchmal im Traum erschien sie ihm und kniete an seinem Lager nieder; sobald er sie aber heiß umfangen und in seine Arme schließen wollte, trat eine finstere Gestalt zwischen ihn und sie und das liebliche Bild war verschwunden. Noch öfter aber sah er sich im Traum wieder auf der Jagd, die Hörner erklangen, die Rüden klefften und lustig ging es durch Flur und Hain. Dann plötzlich befand er sich im heißen Kampfe mit einem wilden Eber, der sich auf seine Brust legte und ihn fast erstickte, so daß er laut ächzte und stöhnte und die Wächter hörten dann manchmal, wie er durch die Zähne knirschte und sprach: „Er mußte ja sterben, ich hab' sie zu lieb!"

Endlich, endlich wurde er aus seinem Kerker hervorgeholt, aber so groß die Freude über das langentbehrte Sonnenlicht war, so groß war der Schreck, als er vernahm, daß der Kaiser aus Italien zurückgekehrt sei und er nun sein Urteil sprechen wolle. Jetzt galt es auf jeden Fall den Armen seiner Rächer zu entrinnen, denn er wußte wol, daß sein Schicksal kein gutes sein würde. Die lange Gefangenschaft und die Moderluft im Kerker hatten so wie so sein Äußeres mitgenommen und so verfiel er denn auf eine List, bei der dieser Umstand ihm sehr zu passen kam. Von Tag zu Tag stellte er sich kränker, er nahm wenig oder gar keine Speisen und Getränke mehr zu sich und lag sterbensmüde ächzend und stöhnend auf seinem Lager so daß die Wachen sich nicht mehr viel um ihn kümmerten. So war die Sicherheit geschaffen, denn man glaubte allgemein, sein Ende stehe bevor. Bereitwilligst nahm man ihm die Fesseln ab und bestellte auch seinen Geheimschreiber, daß er mit ihm seinen letzten Willen aufsetze. Groß war der Jubel und die Freude, als er dabei aller seiner Wächter gedachte und in dieser Lust griff man zu Becher und Würfelspiel und bald war ein mächtiges Zechgelage entstanden, das manches Auge verschleierte und manchen Sinn benebelte. Während dem dachte der Landgraf nicht mehr daran, sein Testament weiter zu diktieren, er hatte viel wichtigere Dinge zu besprechen. Der Geheimschreiber verließ bald die Burg, der Landgraf Ludwig lag wie in den letzten Zügen röchelnd auf seinem Lager. Nur selten kam einer oder der andere noch hinzu, um nachzusehen, ob er noch nicht tot sei. Das hörte aber auch bald auf, so wie die Lust toller und der Lärm immer lauter wurde. Die Nacht war hereingebrochen und keiner hatte es gemerkt. Es hörte auch keiner, daß plötzlich ein langer anhaltender Pfiff vom andern Ufer herübertönte, es sah keiner, wie dabei der Landgraf auffährt, sich fester in seinen Mantel

hüllt und mit einem Sprung in dem weit geöffnetem
Fenster steht: „Dem Kaiser meinen Gruß, er soll sich
Schwert und Strick zum Richten selbst bei mir holen, bis
dahin gehabt Euch wol!" Mit diesen Worten ist er hinab=
gesprungen in die Saale. Noch hatten sich die erschrockenen
Wächter nicht erholt, noch trauten sie ihren Augen kaum,
da sahen sie schon am andern Ufer den Landgrafen sein
kühnes Leibroß, den mutigen Schwan besteigen und in
sausendem Galopp durch die herrliche Mondnacht dahin=
sprengen. Mit dem Geheimschreiber hatte er alles ver=
abredet, die Halloren waren mit Kähnen herangekommen,
hatten ihn aus der Saale gefischt, und am andern
Ufer hatte man seinen besten Renner zur Flucht bereit
gehalten.

Glücklich gelangte er nach Sangerhausen zurück und
wurde dort wie überall in seinen Landen mit lautem Jubel
empfangen, besonders war sein trautes Weib überselig,
als sie ihn endlich, endlich wieder in ihre Arme schließen
konnte.

Wie er nun aber so einsam auf seinem Lager gelegen
war und von Minute zu Minute auf das heißersehnte
Zeichen wartete und ihm die Zeit fast zu lang däuchte, da
gelobte er in der Angst, der Plan könne verraten sein,
dem heiligen Ulrich, wenn er ihn errette, eine Kirche zu
bauen. Er hat Wort gehalten und noch heute steht zu

Sangerhausen die St. Ulrichskirche als Erinnerung an seine Rettung. Von dem kühnen Sprunge aber hat er für alle und ewige Zeiten den Beinamen „der Springer" erhalten.

XVIII.
Der Schellenmoritz.

Es war einmal vor vielen, vielen Jahren ein reicher Ritter, der wohnte auf dem Rittersitz an der Brunoswarte und war so reich, daß ihm alle Felder und Wälder um Halle gehörten, und auf seiner Burg lagen so viele Schätze, daß allein 12 Knappen Tag und Nacht darüber wachen mußten. Er hatte nun aber zwei Kinder, einen Knaben und ein Mägdlein, die ihm noch manches Herzeleid bereiten sollten, denn der Knabe war wild und furchtbar jähzornig, die Tochter aber sanft und milde. Schon oft hatte der Sohn sich in seiner Wut so weit hinreißen lassen, daß er sein Schwert zog und auf die armen Arbeiter damit einhieb und wol manchen hätte er zu Boden geschlagen, wenn nicht seine Schwester dazwischen gekommen und ihn durch ihre Bitten und Flehen davon abgehalten hätte. Einmal nun — sie waren beide schon erwachsen — da ritt er auf das Feld, um nachzuschauen, ob die Leute alle fleißig an der Arbeit seien. Wie er nun aber zum Thore hinaus war, bezog sich der Himmel mit dichten Wolken und ein mächtiges Gewitter brach herein, so daß er die Arbeiter gerade antraf, wie sie sich vor dem Sturm und Regen unter einen großen Baum geflüchtet hatten.

„Ihr faules Gesindel," herrschte er sie an, „könnt Ihr nicht arbeiten, seht Ihr nicht, daß ich auch im Regen umherreiten muß!" Und in seinem Zorn hatte er sein Schwert gezogen und stürmte auf die erschrockenen Menschen ein. In demselben Augenblicke aber fuhr ein Blitz vom Himmel und zerbrach sein Schwert in zwei Stücke. Verstört und bestürzt eilte er davon und in seiner Angst gelobte er, sich zu bessern und für die Errettung dem Moritzkloster eine neue Kirche zu bauen. Er ging zu seiner Schwester Elisabeth und teilte ihr seinen Entschluß mit. Voller Freude darüber, daß er ein anderer Mensch werden wolle, bot sie ihm ihre Hilfe an und schlug ihm besonders vor, sie wolle Schellen an seine Kleider nähen, damit ihn jedermann von weitem schon kommen höre und wer gerade nicht bei der Arbeit wäre, sich schnell wieder daranmachen könne, ehe er es merkte. Damit war er denn auch einverstanden, und so begann er mit dem Bau der Kirche. Es begab sich nun aber, daß auch zur selben Zeit sein

Vater sich eine Burg bauen wollte an der Stelle, wo früher das schwarze Schloß gestanden hatte, und die Leitung darüber hatte er seiner Tochter Elisabeth übertragen. So schritten beide Arbeiten fröhlich fort und Bruder und Schwester wetteiferten miteinander, denn keiner wollte hinter dem andern zurückstehen. Mit der Zeit aber merkte Moritz, oder, wie ihn die Leute nun mit seinem Schellenkleide nannten, Schellenmoritz, daß die Schwester mit ihrer Milde schon weiter gekommen sei als er. Da kam der alte Jähzorn und der Neid wieder über ihn und als er zwei Handwerker wieder einmal nicht bei der Arbeit traf, ergrimmte er vor Wut und stach sie nieder, so daß das Blut an seine Kleider spritzte. Als er nach Hause kam merkte Elisabeth sogleich, daß etwas vorgefallen sei, und als er ihr auf ihre Fragen geantwortet hatte, flehte und bat sie ihn, doch bei dem heiligen Bau milder zu sein und sich seines Gelübdes zu erinnern.

„Siehe lieber Bruder," sprach sie, „ich komme viel weiter mit meiner Milde und bei mir arbeiten die Leute noch einmal so gern!"

„Das ist es gerade, was mich so kränkt," fuhr er sie an, „aber ich will sie peitschen und stäuben lassen, die faule Brut, und," setzte er hohnlachend dazu, „damit werde ich doch nach mehr erreichen als Du!"

„Das wirst Du nicht können, lieber Moritz —"

„Das werde ich doch, sage ich Dir," brauste er wieder auf, „und wenn Du es nicht glaubst, so wette doch!"

Gut," antwortete sie, „die Wette gilt."

Und nun ging es mit doppelten Kräften an den Bau. Damit man ihren Bruder nun noch besser kommen hören konnte, hatte sie ihm noch einmal so viel Schellen an den Rock genäht. Mit der Geißel in der Hand stand er auf den Gerüsten schon vom frühen Morgen an und wehe dem, der nicht fleißig seine Schuldigkeit tat. Elisabet aber ging nur einmal des Nachmittags auf ihre Burg, dann sprach sie die Leute freundlich an, erkundigte sich nach allen und wenn es einem denn mal etwas knapp ging, gab sie ein Geldstück extra oder schenkte ihm ein neues Kleid, wenn sie sah, daß das alte nicht mehr hielt, so daß alle aus Liebe zu ihr ihre Lust und Kraft doppelt anstrengten und die Mauern schon weit höher ragten, als die des wilden, jähzornigen Bruders. So waren Monde vergangen, Moritz frohlockte schon, daß er seine Wette gewinnen werde, denn schon stand das Dach hoch aufgerichtet und nur der Turm fehlte noch. Da kamen eines Morgens die Boten seiner Schwester und verkündeten ihm, daß der Bau fertig sei, er möge hinabkommen und ihn besehen und so er einen Fehler fände oder einen Stein noch nicht fertig behauen, solle er die Wette gewonnen haben. Er machte sich denn auch auf und als er hinkam, da staunte er über die herrliche Burg mit den

Türmen und Zinnen. Seine Schwester aber stand auf dem Jägerberge, denn von da war der Haupteingang, und empfing ihn mit freundlichen Worten, indem sie ihm nochmals wiederholte, daß sie sich für geschlagen hielte, sobald er ihr einen Fehler nachwiese. Dann ertönten die Fanfaren, die Zugbrücke rasselte nieder und sie hielten Einzug durch das stattliche mit Wappen gezierte und mit Blumen festlich geschmückte Thor. Ein weites Treppenhaus empfing sie zuerst. Alles war prächtig mit Teppichen behangen und rechts und links standen zwei große Knappen aus gediegenem Silber, Leuchter haltend. Von da gelangten sie die Treppe hinauf in die Zimmer. Zuerst in die Kemenanten der Frauen, dann in den Speisesaal, von da in die Wohnräume und das Schlafgemach. Aus diesem führte ein kleiner schmaler Gang mit einer Wendeltreppe in die Kapelle hinab. Als sie eintraten, brauste die Orgel und die Chöre sangen von den Emporen, so daß sich der Zorn in dem wilden Gemüte des Schellenmoritz schon besänftigte und er sich zu seiner Schwester beugte und ihr leise die Hand küßte. Dann schritten sie weiter durch das Waffenhaus in den Luginsland, der den zweiten Eingang in die Burg aus der Stadt bewachte und an dem ebenfalls eine große Zugbrücke sich befand. Von hier kamen sie an den Dienerwohnungen vorbei zu den Stallungen und Niederlagsräumen. Nachdem sie dann noch die mächtigen Keller besichtigt hatten, traten sie in den zweiten Burghof ein, der zum Turnierplatz prächtig umgestaltet war. Rechts und links und geradeaus wehten aus den Fenstern bunte Wimpel und Fahnen und Blumengewinde war über den ganzen Platz gezogen. Gegenüber war die große Freitreppe. Durch ein herrliches, künstlerisch mit Figuren und Wappen verziertes Portal führte wieder eine Treppe in den Bankettsaal. Dort war eine lange Tafel gedeckt mit goldenem und silbernem Geschirr, Pagen liefen auf und ab, die noch mit Auftragen beschäftigt waren. Die Küfer waren daran, große Weinfässer aufzustellen und zu probieren, alles wurde hergerichtet für das große Einweihungsfest.

„Alles habe ich Dir nun gezeigt, lieber Bruder," sagte Elisabeth, „nur diese herrliche Aussicht noch nicht!" Damit öffnete sie die eine Thür, die dem Eingange in den Saal gegenüberlag und auf den Altan hinausführte. Sie traten beide stillschweigend hinaus und ihr Blick flog über den köstlichen Wiesenteppich hinüber zur waldreichen Insel wo die Vögelchen zwitscherten und die Nachtigallen melodisch sangen, und zur dunkeln Haide, über der sich ein finsteres Gewitter zusammenzog.

„Bist Du nun überzeugt," fragte sie ihn sanft, „daß man mit Milde mehr erreicht, als mit Härte und Strenge und giebst Du die Wette verloren?"

Noch nicht ganz! rief er hohnlachend und seine Augen

traten hervor, die Zornadern schwollen ihm auf der Stirn und das Blut schoß ihm durch den Kopf. Angstvoll zitternd hatte es Elisabeth bemerkt, sie wollte sich flüchten — zu spät, er hatte sie um die Hüften gefaßt und unheimlich neigte er sein Haupt zu ihr:

„Ein Stein ist Dir aus Deiner Zinne gefallen, dort unten liegt er — hole ihn Dir" — dabei hatte er sie über die Brüstung des Altans gehoben und stürzte sie jäh hinab in die Fluten der rauschenden Saale. — Einen Augenblick sah er ihr nach — sie war verschlungen von den Wellen. Dann raste er wutentbrannt hinweg zur Moritzkirche.

Der Baumeister stand gerade auf dem Gerüste; als er ihn daherkommen sah und seine Schellen noch heftiger klangen als sonst, ahnte ihm nichts Gutes.

Wütend kam er die Treppe heraufgerannt.

„Elender Schurke, meine Schwester hat ihre Eile teuer bezahlt, Du sollst Deine Faulheit noch teurer büßen!" Damit ergriff er ihn, schmiß ihn zu Boden und knickte ihm den Hals um. Dann warf er ihn zum Gerüste herunter und wandte sich mit gezücktem Schwerte gegen die Arbeiter. Alles ergriff eilig die Flucht, und was nicht floh stach er nieder. Damit hatte der Bau ein Ende, denn es fand sich kein Baumeister, kein Maurer mehr, der noch an der Kirche arbeiten wollte, und so ist die Kirche ohne Turm geblieben bis auf den heutigen Tag. Man hat es einmal versucht und an der Saale einen Turm errichtet mit einer welschen Haube, aber er hat nicht gehalten, man sagt, der Schellenmoritz sei, so lange derselbe gestanden habe, jede Nacht aus dem Grabe gekommen und habe so lange daran gerüttelt und gewackelt, bis er wieder eingefallen ist, und so wird es jedem Turm gehen, den man dahin bauen würde.

Zur Erinnerung aber an die Elisabeth hat man ihr Standbild über dem östlichen Eingange in die Moritzburg angebracht; das Standbild des Schellenmoritz jedoch steht in der Kirche, noch hat er den Stab in der Hand, mit dem er die Arbeiter schlug, und noch hängen die Schellen an dem Kleide, die ihm die gute Schwester daran genäht hatte. Unter ihm aber kniet der Baumeister mit umgeknicktem Haupte zum ewigen Gedächtnis an die Grausamkeit seines Herrn.

XIX.

Till Eulenspiegel in Halle.

aß Till Eulenspiegel in Halle gewesen
ist, weißt Du ja, aber da ich Dir nun
alles erzählen will, was in unserer
Vaterstadt passiert ist, mußt Du das auch
mit anhören. Also:

Es war im heißen Julimonat des Jahres
1320, da kamen zwei lustige Gesellen die Land=
straße von Magdeburg daher, just gerade über
den Petersberg. Mit heiterer Miene und
fröhlichen Scherzen waren sie den Berg hin=
auf geschritten; als es aber wieder bergab ging, da ward
der eine traurig, so daß der andere zu ihm sprach: "Sag=
Bruder, warum bist Du immer so traurig, wenn Du berg'
ab gehst und warst doch so lustig beim Hinansteigen?"

„Das will ich Dir sagen, Kamerad. Sieh, bergauf da freue ich mich, daß ich bald das leichtere Hinabgehen vor mir habe, ist es aber so weit gekommen, dann macht mich der Gedanke traurig, daß ich bald wieder einen Berg hinan muß!"

Da lachte der andere. Bald hörten sie, wie von der Stadt das herrliche Glockengeläute herüberklang und der Begleiter frug wieder: „Wie heißt die Stadt und warum läuten sie?"

Eulenspiegel — so hieß der eine — antwortete:

„Das ist Halle, da werden die Dummen nicht alle! Und sie leuten den Esel zu Grabe."

„Welchen Esel?" fragte der andere.

„Nun den, der auf Rosen geht!" Das wollte ihm der andere nicht glauben und als ihnen ein Wandersmann des Weges entgegenkam von der Stadt her, frugen sie ihn und erfuhren daß das Stadtoberhaupt gestorben sei.

„Hurra!" rief Eulenspiegel, dem jede Obrigkeit ein Stoff für sein loses Maul war, „da giebts wieder ein großes Fest! Dann ists Neuwahl und Mauerbrechen morgen, da müssen wir dabei sei sein; hast Du einen dicken Schädel?"

„O ja, warum aber?"

„Na, wer die dicksten Mauern mit seinem Kopf brechen kann, wird gewählt."

„Ach Du Narr", lachte jener, „dann machst Du wol mit?"

„Das versteht sich!" Und als sie an das Stadtthor kamen, war zufällig ein Stück Mauer eingerissen daneben.

„Siehst Du"; sprach Eulenspiegel, „hier haben sie schon angefangen, vielleicht kommst Du zu spät!"

Sie schritten beide zum Thor hinein und auf dem Markte trennten sie sich. Eulenspiegel aber ging zu seiner Großmutter, die wohnte auf dem Strohhofe an der Gerber= saale. Und weil er voll lustiger Streiche und Schwänke war und der folgende Tag ein Fest für die Stadt und prächtiges Wetter, so sann er darauf wie er die Bürger belustigen könnte. Er sah, daß der Wohnung seiner Groß= mutter ein dicker, mächtiger Stadtturm gegenüberlag auf der Halle und flugs kam ihm der Gedanke, dort ein Seil herüberzuspannen und auf diesem über die Saale zu laufen. Gesagt, getan. Am Nachmittage hatte sich eine Menge neugieriger Menschen auf der Kuttelbrücke, auf der Klaus= brücke und den anliegenden Mauern versammelt, die dem Schauspiel zusehen wollten. Endlich erschien er in bunter Flittertracht und mit einer großen Narrenkappe auf dem Kopfe an der Luke des Hauses. Er machte eine tiefe Verbeugung, das Volk rief und schrie ihm zu und nun begann er auf dem Seile von einer Seite zur andern zu marschieren. Gerade war er wieder in der Mitte, da mit einemmale krachte das Seil und er fiel mitten in die Saale. Endloser Jubel und Gelächter begleiteten ihn, wie er sich in das Haus flüchtete. Dort wurde er aber mit einem mächtigen Donnerwetter empfangen: "Du Galgenstrick, kannst Du nichts besseres tun, wart' ich will Dich lehren Narrenpossen zu treiben, morgen sollst Du sofort Arbeit nehmen, Du Landstreicher, was hast Du denn gelernt?"

"Alles, Großmutter, nur nicht Geld verdienen!" antwortete er.

"Das sehe ich, Du Naseweiß", und damit hieb sie mit einem Seilende auf ihn ein, daß er sich schleunigst aus dem Staube machte. Sie hatte nämlich gesehen, wie sich die Menschenmenge unten versammelt hatte und wie er plötzlich auf dem Seile tanzte und war gleich mit einem Messer auf den Boden geeilt und hatte das Seil durchschnitten, daß er herunterplumpste.

Der Turm nun hieß seitdem der Eulenspiegelturm und es ist auch ein Stein darunter gewesen, in dem dies eingehauen war. Das ist nun aber alles niedergerissen, nur wenige haben in unserer Stadt noch Sinn für so etwas.

Eulenspiegel aber ging am andern Morgen wirklich in die Stadt, um Arbeit zu suchen und kam zuerst, da er gerade vom Strohhof über die Herrenbrücke zum Moritzthor hereinschlenderte, zum Bäcker Lauffer, der wohnte gleich dem Pfarrhaus von St. Moritz gegenüber. Dort sprach er um Arbeit vor und da Lauffer gerade einen

Gesellen brauchte, nahm er ihn an. Als am Abend der Teig fertig war und sich der Meister zur Ruhe legen wollte — denn er war schon alt und überließ die Arbeit dem Gesellen — fragte ihn Eulenspiegel: „Was soll ich denn backen, Meister?"

„Was Du backen sollst?" sah ihn dieser groß an, „Eulen und Meerkatzen, Du Saalaffe!" und damit ging er.

Und als er am andern Morgen in die Backstube kam, hatte Till wirklich lauter Eulen und anderes Getier gebacken.

„Bist Du verrückt", herrschte ihn der Meister an.

„Das nicht, Ihr habt es mir ja befohlen."

„Du Schalksnarr, jetzt machst Du aber gleich, daß Du zum Hause herauskommst", und ehe er sichs versah, saß er draußen auf der Straße und das ganze Backwerk flog ihm nach.

Eulenspiegel sammelte alles auf und da es gerade Sonntag war und die Leute aus der Frühmesse kamen, setzte er sich vor die Moritzkirche mit seiner Waare, um zu sehen, ob er etwas davon verkaufen könne. Alles wunderte sich über das merkwürdige Backwerk und ergötzte sich an den gelungenen Formen und da jeder ein Stück für die Kinder zum Spaß mit nach Hause nahm, war er seinen Kram auf einmal los. Der Bäckermeister Lauffer hatte ihm mit Staunen zugesehen und wollte ihn stracks zurückholen, er aber machte ihm eine lange Nase und lief eilends von dannen. Zum Andenken daran aber ließ der Bäcker eine Eule in Stein hauen und über der Thür seines Hauses anbringen, und noch heute kannst Du sie sehen über dem Bäckerladen der Moritzpfarre gegenüber. Auch wird jetzt noch in Halle lauter wunderliches Tierzeug gebacken. Du hast es sicher schon oft im Schaufester bei den Bäckern stehen sehen, wenn nicht gar schon gekostet. Siehst Du, nun weißt Du, woher das kommt.

Lange hielt es aber Eulenspiegel nicht in Halle aus und wollte sich wieder auf die Wanderschaft machen, hatte aber wenig Geld, und so sann er denn, wie er sich einen hübschen Wegpfennig verschaffen könne. Es war aber da ein reicher Pfänner, namens Klaus Schneider, der war gutmütig und lieh den Leuten gern, wenn sie sich in Not befanden. Zu dem ging Eulenspiegel und sprach ihn um ein Darlehn an.

„Gern", lachte Klaus, „aber Du mußt mir einen Bürgen bringen, der in Halle anstellig ist und sein eigenes Dach besitzt!"

„Das will ich", sprach jener; und am andern Morgen kam er wieder, er habe einen gefunden, derselbe habe aber Klumpfüße und könne nicht gehen, deshalb bäte er ihn mitzukommen.

Klaus Schneider nahm Hut und Stock und nun gingen

sie beide dem Markte zu. Dort führte ihn Eulenspiegel vor den Roland, über den damals zum Schutz ein Dach gespannt war, und sagte: „Hier ist er, er hat sein eigen Dach und ist anstellig in Halle, oder meinst Du nicht?"

Der Pfänner mußte gute Miene zum bösen Spiel machen, um nicht ausgelacht zu werden, und so zog der lustige Vogel von dannen. Wenn Du aber wissen willst, ob er das Geld je wieder gebracht hat, mußt Du seinen Bürgen fragen, vielleicht weiß der es.

XX.

Die Mauerkrone der adeligen Pfännergeschlechter.

Am 10. Juni anno domino 1547 hatte Kaiser Karl V., der Spanier, zu Halle seinen Einzug gehalten. Der gesamte Rat war ihm entgegen gegangen, hatte über seiner Majestät einen Himmel von grünem Sammt getragen und denselben bis zur Residenz, wo er Wohnung genommen, begleitet. Noch am selben Tage hatten seine Räte der Stadt angetragen, sie möchten ihn mit einer Summe von 20000 Gulden unterstützen. Da die Stadt diese ungeheuere Summe nicht aufbringen konnte, wol aber gern in der Gunst des Kaisers bleiben, bewilligten sie vorerst 5000 dermaßen sie das übrige, wenn es ihnen gelänge, später

abzuliefern zusagten. Auch ließen sie am folgenden Tage
dem Kaiser einen friesischen Hengst, so 500 Thaler gekostet,
präsentieren und noch viele andere schöne Geschenke an die
Fürsten und Kriegsherrn, unter denen sich auch der schwarze
Alba befand, verteilen.

Es hatte sie nämlich damals wieder einmal der Größen=
wahn gepackt und gedachten sie bei Sr. Kaiserl. Majestät
anzutragen, Halle möge eine freie Reichsstadt werden, des=
halb sie ihm gern in jeder Sache zu Willen waren und
seine Gunst zu erwerben suchten. Es passierte aber in dieser
Zeit ein großer Alarm zwischen den deutschen und spanischen
Reitern, wobei an die hundert zu Tode gekommen, und
hat der Kaiser es der Stadt übel vermerket, zumalen man
ihm den wahren Grund verheimlichet und die Stadt ver=
dächtiget, als habe sie den Alarm erregt und die Deutschen
dazu angefeuert. Die spanischen Reiter nämlich standen
auf der Höhe am Jägerberg gegen das Schloß hin, die
deutschen hingegen hatten sich auf die Wiesen gelagert an der
Saale. Plötzlich vernimmt der Kaiser ein heftiges Schießen
und wird ihm gemeldet, die Deutschen schössen wider die
Spanier. Da das ganze Kriegsheer nun in der Stadt
lag und nur die beiden Reiterhaufen vor den Thoren, so
befiehlt er sogleich die Stadtthore zu schließen und einem
spanischen Herrn hinzureiten und Ordnung zu schaffen.
Mit dem Ruf: „Schieß ihn den spanischen Bösewicht" wird

aber der von seinem Pferde in die Saale geworfen, darin
er versauffen gemußt. Der Lärm wäre nun größer ge=
worden und hätten sich die Deutschen in der Stadt nicht
halten lassen, wären nicht die Pfänner und Halloren da=
zwischen gekommen. Es hatte sich nämlich das Gerücht
verbreitet, der Kaiser sei in Gefahr. Im Nu hatten die
Bornknechte und die Buben aus der Hallen, samt den
Pfännern und Siedemeistern sich zusammengerottet und
wollten zu Hülfe eilen. Da sie aber die Stadtthore ver=
schlossen sehen, auch kein Einlaß gewährt wird, stürmen sie
über die Klausbrücken, auf dem andern Ufer der Moritz=
burg zu. Als die kämpfenden Parteien des stürmenden
und mit lautem Geheul vordringenden Haufens bemerkten
hielten sie mit schießen inne, da sie nicht wußten, was es
zu bedeuten vorstelle. So konnte der Kaiser selbst sich in
die Wütenden in Persona wagen und gelang es ihm so=
gleich Ruhe zu stiften. Auch versprach er den Deutschen
die Sache zu untersuchen und die Schuldigen hängen zu
lassen. Dabei erfuhr er denn, daß der Alarm um eines
gestohlenen Hengstes willen geschehen sei, wovon er sich
auch beruhigt aber den Glauben nicht aufgegeben, die
Stadt sei an der Sache schuld zumalen sie vorher im Kriege
gegen seine Majestät gestanden habe, worin er vom
schwarzen Alba noch unterstützt und der Zweifel in ihm
wach gehalten ist.

Die Städter hatten nun schon lange auf eine Gelegenheit gewartet, dem Kaiser ihr Anliegen vorzubringen, waren aber durch diesem Lärm dadurch wieder gehindert. Es kam nun noch ein zweites, was den Kaiser in Anspruch nahm, nämlich der Fußfall Landgraf Philipps des Großmütigen von Hessen. Derselbe war am 18. Juni nach Halle gekommen, um des Kaisers Gnade anzuflehen und für den Aufruhr, so er verursacht hatte, Pardon zu erhalten. Der Kaiser hatte ihm denselben auch verheißen, falls er einen Fußfall täte vor seiner Majestät und eine Abbitte leistete; dazu er sich auch hat bequemen müssen. Am folgenden Abend um 6 Uhr hat er denn auf dem großen Saale in des Kaisers Logement, im Beisein vieler Herren, Kurfürsten, Fürsten, fremder Potentaten Gesandten, Grafen, Obersten und viel Volks so in den Saal ging und von außen her durch die Fenster drein sehen konnte, mit seinem Kanzler, der neben ihn auf den Knien saß, den Fußfall getan. Aber als der Kanzler demütig genug die Abbitte täte, saß der Landgraf, wie er denn ein spöttischer Herr war und lachte gar schimpflich darüber, da winkte ihm der Kaiser mit dem Finger, sah zorniglich und sachte: "Wol, ich soll dich lachen lehren!" Dies geschah auch. Herzog Alba ließ ihn ins Gefängnis werfen, wovon er erst nach 5 Jahren erlöst wurde.

So zog der Kaiser ab und hatte die Stadt Halle ob

dieser Vorkommnisse nicht gut in seinen Gedanken. Die Städter aber ließen nicht nach in ihrer Absicht, sandten Botschaft hinter ihm her, und ließen ihm in einer langen Denkschrift dartun, daß die Stadt von Alters her eine freie gewest und bitten, des Kaisers Majestät möge ihnen wieder dazu verhelfen, von den Erzbischöfen von Magdeburg loszukommen, worüber derselbe ihnen Bescheid zukommen zu lassen versprochen, später aber nur in einen langen Huldbrief ihre Privilegien sonst weiter nichts bestätiget.

Anders erging es den Pfännern. Schon von Alters hatten die adeligen Pfännergeschlechter sich ungern der Stadt gefüget, maßen es sie verdrossen, daß die übermütigen Städter zu einemmal ihren Salzgrafen Hansen von Hedersleben nach eigenem Spruch ungerecht gerichtet und verbrannt, zum andern etliche von ihnen beim Erzbischof angeschwärzt, aus der Stadt vertrieben und ihrer Güter beraubt hatten. Sie hielten es daher angebracht und ihrer Sache günstig, zumalen sie dem Kaiser durch Schlichtung des Aufstandes einen großen Dienst erwiesen meinten, auch ihm Beträchtliches zur Kriegs-Expedition beigesteuert hatten, seine Kaiserliche Majestät darum anzugehen, etliche von sich, die Reicheren in den Freiherrnstand zu erheben.

Derselbe zeigte sich nun wol nicht abgeneigt, weil er aber den Städtern nicht gewillfahret, auch keinen neuen Streit zwischen den beiden Parteien hervorrufen gewollt, wiederum aber doch ihnen sich zu Dank verpflichtet glaubte sprach er ihre Gesandten sehr freundlich an, bedauerte ihren Bitten aus verschiedenen Gründen nicht willfahren zu können, sei ihnen aber sehr verbunden und wolle ihnen, da sie ja ein Stadtadel sein zum Angedenken, daß sie ihm so kühnlich beigestanden, die siebenzackige Mauerkrone verleihen, wofür sich dann die Pfänner mit saurer Miene bedankt und wieder heim gezogen sind.

Seit jener Stunde aber sind die adelichen Pfännergeschlechter stolz gewesen auf diese Gnade des Kaisers und haben die siebenzackige Mauerkrone beibehalten zum Gedächtnis an seine Errettung.

XXI.

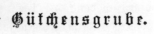

Die Gütchensgrube.

Vielleicht entsinnst du dich noch der großen Tongrube in der Lucke. Noch vor wenigen Jahren als die ganze Gegend noch nicht bebaut war konnte man sie sehen, dort wo jetzt die Gütchenstraße ist und wir sind als Kinder noch oft dort gewesen und haben uns unsern Ton für die Blaserohre hergeholt. Vor vielen, vielen Jahren nun, als die Stadt noch da, wo jetzt die neue Promenade mit ihren prächtigen Anlagen und Bäumen prangt, aufhörte und durch eine mächtige Mauer mit Zinnen und Türmen und einem tiefen, tiefen Graben vom flachen Felde abgegrenzt war, lag an der Stelle der verödeten und schlammigen Grube ein prächtiges Gut mit einem uralten Schloß und ehrwürdigem grauen Turme. Man nannte es das Gütchen und waren seit lange her dort eine ansehnliche adelige Familie, die von Köthen angesessen gewesen. Um das Schloß herum zog sich ein breiter Graben, über den nur eine Zugbrücke den Weg ins Innere bildete; nach der einen Seite streckte sich weithin ein großer Park mit alten knorrigen Eichen und hochragenden Tannen. Dort ist wol früher, noch bevor Luther das neue strahlende Licht seiner Lehre angezündet hatte, manch ein fröhliches Fest, manch lustiger Mummenschanz gehalten worden, nach dem dreißigjährigen Kriege aber ist es zu Grunde gegangen und zwar hatte es folgende Bewandtnis damit.

Die ganze Zeit über, während die blutige Fackel dieses entsetzlichen Kampfes durch die deutschen Gaue verwüstend und versengend umherzog, hat das Schloß leer gestanden und ist auch verschont geblieben. Nach dem Westfälischen Frieden aber ist es wieder bezogen worden, aber kein fröhliches Fest, kein Tanz und Gelage wurde mehr darin gefeiert. Die Fenster waren verhängt, vom Turme wehete eine schwarze Fahne, öde und still war alles innen und außen. Nur zuweilen sah man einen langen, hageren Mann in schwarzer Niederländischer Rittertracht am Arme einer blühenden, jungen Mädchengestalt durch die verwilderten Wege des Parkes einherschreiten. Niemand wußte wer es war und so bildeten sich denn manche Fabeln über das sonderbare Paar. Einige sagten es sei der letzte vom Stamme der von Köthen, der habe sich ein junges Weib genommen; da die Ehe aber kinderlos sei, hielte er sie in Gram über das Aussterben seines Geschlechts dort im Turme gefangen und nur an den Familienfesttagen führe er sie ins Freie. Andere meinten, es sei gar nicht seine Frau sondern seine Tochter und der Alte habe gewiß eine schwere Schuld zu büßen. Wieder andere, insbesondere die Halloren, behaupteten, sie hätten ihn schon einmal gesehen, und zwar sei es derselbe schwarze Ritter, der in der Schlacht bei Lützen immer in der Nähe Gustav Adolfs gewesen sei. Bestimmtes wußte man eben nicht, und nur das schien klar zu sein, daß in jenen Mauern eine von Gewissensbissen geängstete Seele Frieden und Ruhe suche und nicht finden könne.

So war es lange, lange Jahre gewesen, bis eines Tages nach einer furchtbaren Gewitternacht die Insassen verschwunden waren. Niemand wußte wohin sie gegangen. Die Zugbrücke war aufgezogen, kein Lebenszeichen war mehr zu sehen und nachts war auch nicht mehr das kleine Fensterchen im Turme erleuchtet, das vorher keine Nacht düster gewesen. Man hatte sich schon zufrieden gegeben, als plötzlich eines Tages, gerade am Jahrestage, wo die Bewohner weggezogen waren, vor der St. Moritzpfarre eine Karosse hielt. Eine junge, reichgekleidete Dame stieg aus und begehrte den Pfarrer zu sprechen. Bald darauf

kehrte sie mit diesem wieder zurück und nun fuhren beide
dem Gütchen zu. Es war ein schwüler, heißer Tag und
noch ehe sie dasselbe erreicht hatten machte sich ein starkes
Gewitter auf. Der alte Diener hatte einen langen Tannen=
stamm in das Turmfester geschoben war darauf hingerutscht
und im Turme verschwunden. Bald darauf knarrte ächzend
und stöhnend die Zugbrücke hernieder und die Dame mit
dem Pfarrer schritten drüber hin. Der Regen rasselte
nieder, der Donner grollte und der Sturm heulte um den
morschen Turm, daß es ihnen ganz ängstlich wurde. Kaum
hatten sie den Fuß auf die Schwelle gesetzt, als ein Blitz
und Donnerschlag in den Turm fuhr. Im Nu stand das
Haus in Flammen. Entsetzt flohen sie in den Wagen und
der Flammenschein folgte dem flüchtenden Wagen bis er
in den Thoren der Stadt sich geborgen hatte.

Am andern Tage standen nur die Mauern und der
Turm. Bald aber fiel alles mehr und mehr zusammen
und der Turm begann fast merkbar zu sinken. Im Laufe
der Zeit sahen nur noch die Zinnen und das zerfallene
Dach aus der Erde hervor, bis er ganz verschwunden war
und an der Stelle, wo sich einst jenes herrliche Schloß
mit den Gräben und prächtigen Park befand, entstand
eine öde wüste Stätte mit einer schmutzigen tiefen Grube,
in der zwischen Ginster und Gestrüb die Unken ihren Wohn=
sitz aufschlugen.

Über den alten Ritter nun ist man noch lange im Dunkeln gewesen, bis der damalige Prediger und Diakonus an der St. Moritzkirche, Johann Beucker mit Namen, an sein selig Ende gekommen und die Geschichte jener Nacht nicht mit ins Grab hat nehmen wollen.

Es sei nämlich in jener stürmischen Nacht, so erzählte er seinem Amtsbruder auf dem Sterbebette, ein Diener zu ihm gekommen und habe ihn aufgefordert eiligst mit aufs Gütchen zu kommen, der alte Herr läge in den letzten Zügen und verlange noch Seelentrost und Zuspruch. Sie hätten sich aufgemacht unter fortwährendem Blitz und Donner und Sturm und Regen seien sie angekommen. Er habe ihn schon halb abwesend gefunden, nachdem er aber alle Anwesenden entfernt und ihm in die Seele gesprochen habe, habe er ihm gebeichtet. Er sei früher ein guter Katholik gewesen, habe aber aus Ruhm und Ehrsucht seinen Glauben verlassen und sei zu der neuen Lehre über= getreten. Der falsche Gustav Adolf habe ihm alles ver= sprochen aber nichts gehalten. „Immer hat er mich ver= tröstet — immer — von Jahr zu Jahr — — — habs nicht mehr geglaubt — — — Haß, Neid —" damit sei er fast ohnmächtig zurückgefallen. Darauf habe er, der Prediger, die Tochter hereingerufen, dann sei der Alte aber plötzlich noch einmal zu sich gekommen und habe fruchtbar gestönt und gesagt: „Du weißt es ja doch —

— — bei Lützen im Kugelregen, habe ich ihn von rückwärts erschossen. Dann wollte ich zur alten Kirche zurück — — — da haben sie mich verstoßen!" Nach einer Pause habe er dann gesagt, daß die neue Lehre daran schuld sei und als er ihm das letzte Abendmahl habe geben wollen und er aus dem Kelche habe trinken sollen, hätte er daran gemerkt, daß er ein Lutheraner sei. Mit aller Kräfte Aufwand habe er sich nochmals aufgerichtet und ausgerufen: "Eher will ich in die Hölle, als von dir, Hund, das Abendmahl nehmen, man hat mich verflucht, so seid auch ihr alle verflucht — alle — du — sie — meine Tochter, wenn sie nicht zur alten Lehre zurückkehrt. Verflucht — Verflucht das ganze Haus, versinken solls zur Hölle wie Euer falscher — — Glaube!" Damit war er zusammengebrochen und gestorben. Die Tochter aber sei im nächsten Jahr wiedergekommen, habe sich vermählt gehabt mit einem Schweden. Sie hätten das Gütchen beziehen wollen, da habe es aber der Blitz zerschlagen. Das sei Gottes rächende Hand gewesen, die den Fluch in Erfüllung habe gehen lassen.

Darum ist auch der Turm nach und nach versunken und dort eine öde Gegend entstanden, die nun jetzt erst nach Jahrhunderten wieder bebaut wurde.

XXII.

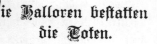

Die Halloren bestatten die Toten.

Eine dumpfe drückende Schwüle lag über der Stadt. Die Natur selbst schien im Bunde zu sein mit der großen Heimsuchung. Der Himmel dunkelte und in der Ferne verkündete ein mächtiges Gewitter sein Nahen durch dumpfes Grollen des Donners. Die Bürger waren in den Kirchen versammelt, um noch den Versuch zu machen, durch Gebete das Unglück von sich abzuwenden, denn für die gläubigen Seelen war ein untrügliches Zeichen der Ungnade Gottes geschehen — die ewige Lampe in Unserer lieben Frauen war in der Nacht vor dem Johannistage erloschen. Aber unaufhaltsam näher rückte das Todesgespenst, im Sturme flog es durch die Gaue Deutschlands, verheerend und ver=

wüstend, die herrlichsten Blüten knickend und wie bange
Todesahnung, ihm voran der Schreckensruf: die Pest!
die Pest!

Die Straßen waren leer, nur hie und da hatte sich
eine Schaar um einen Erzählenden gesammelt, der von dem
Entsetzen die er selbst an Ort und Stelle gesehen, berichtete,
nur hier und da öffnete sich ein Fenster und ein Vorüber=
eilender wurde angerufen, wie es stände. Denn hieß es
in der nächsten Stadt seien am vorigen Tage über hundert
hingerafft, in den nächsten Dörfern sei sie auch schon, ja,
im Judendorf, das dicht an die Stadtmauer grenzte, seien
gestern zwei gestorben, die Leichen seien ganz schwarz ge=
worden, die Juden hätten sie aber gleich in die Erde ge=
scharrt aus Furcht vor den Städtern. Am andern Mor=
gen in aller Frühe wurde mit allen Glocken geläutet.
Wie der Blitz lief die Kunde von Haus zu Haus, der
Krämer Trauterbuhl sei das erste Opfer der Pest. Als
er am Morgen den Laden geöffnet, sei ein Jude gekommen
und habe Kräuter verlangt. Kurz darnach habe er hef=
tiges Stechen im Kopf, dann Erbrechen gehabt und jetzt
kaum nach einer Stunde sei er eine Leiche. Nun gab es
kein Zweifeln mehr, kein Zittern und Zagen half, sie war
da die unerbittliche grause Pest. Ihr gilt es gleich, ob
reich ob arm, ob jung ob alt, über die Marmortreppen
schleicht sie ebenso geschwinde wie durch die Thürritze der

zerfallenen Hütte, sie setzt sich mit zum Male unsichtbar, unheimlich drückt sie mit gierigen Lippen den Kuß auf den Mund und ihr Bruder der Sensemann mit den hohlen Augen und klappernden Zähnen nimmt sein Opfer und schleppt es fort. Hat sie einmal Fuß gefaßt dann wehe den Unglücklichen. Durchs fernste Land, durchs tiefste Thal folgt sie, mit nimmersatter Gier, Opfer um Opfer sinkt in ihrem giftigen Hauch vor nie zu stillender Mordlust dahin.

Am Morgen war es einer, am Abend schon neun und als die Sonne am andern Abend niederstieg, lagen schon an die dreißig auf der Bahre.

Der Erzbischof verordnete daher sofort vier feierliche Betfahrten, und zog selbst mit der ganzen Klerisei mit in den Prozessionen, welche am Tage Maria Heimsuchung und den drei folgenden Tagen aus den 4 Pfarrkirchen zum Kloster Neuenwerk hin gehalten wurden. Die Jungfrauen gingen alle in weißen Kleidern mit aufgelösten Haaren. Unterwegs durch die ganze Stadt wurden Litaneyen gesungen und im Kloster selbst jedesmal eine Blutmesse gelesen. Die ganze Prozession glich aber mehr einer heftigen Flucht, denn jeder glaubte sich nirgends sicherer als zu Hause und war daher bestrebt, sobald als möglich wieder heim zu gelangen.

Die Angst stieg immer mehr, je mehr die Pest um sich

griff. Man floh aus den Häusern, wo sie Einkehr gehalten, schleppte schon von ihr Ergriffene hinweg, um sie noch zu retten und trug so den mordenden Keim immer weiter und weiter. Die Furcht wurde allgemein und jedermann hatte den Kopf verloren. Schon suchte man nur noch das eigene Leben zu fristen, ob Vater, ob Mutter, ob Bruder oder Schwester dahin, man achtete ihrer nicht, man floh die Pest auch in dem geliebtesten Toten. Die Leichen blieben liegen in den Häusern, auf den Straßen, wo sie gefallen.

Nur mehr eine Stelle gab es noch, die verschont geblieben, das Thal, wo die Halloren wohnten, da hatten wol die sprudelnden Salzdämpfe den verheerenden Gifthauch fern gehalten. Aber auch hier herrschte Furcht und Mutlosigkeit. Niemand wagte sich vor die Thür, denn schon in der nächsten Stunde konnte er ja erfaßt und dahingerafft sein, schon der nächste Windstoß konnte die verpestete Luft von der Stadt herüberwehen und die Seuche in ihre Hütten tragen. So wäre es gekommen, wenn nicht ein hochherziger Sinn, ein tatkräftiger Edelmut mit Verachtung aller Gefahren dem Vordringen ein Ziel gesetzt hätte. Es war dies der junge Hallorenbursche Max Riemer und was ihm dazu Kraft und Begeisterung verlieh war die innige unwandelbare Liebe zu seiner Braut. Nicht weit von der Stadtgrenze wohnte sein herziger Schatz.

In zärtlicher Besorgnis hatte er mehrmals des Tages zugeschaut wie es in ihrem Hause, in ihrer Nähe stände, hatte ihr Mut zugesprochen und die ängstliche Seele zu trösten gesucht, obwol er selbst nicht wußte, ob er den nächsten Tag wiederkommen würde, ob er sie wieder fände. Eines Abends, es war schon spät, er hatte noch lange bei ihr in banger Amarmung gesessen und von ihr mit schmerzlichen Zweifel Abschied genommen, stieß er nicht weit von ihrer Hütte plötzlich auf einen Gegenstand. Es überlief ihn kalt, denn sein Gefühl hatte ihn nicht getäuscht, es war ein armes Opfer der Seuche. Einen Augenblick zauderte er, dann aber — als wollte man ihm sein Allerheiligstes entreißen — bäumte er sich auf in heftigem Ingrimm: So lange ich lebe, sollst du sie nicht erreichen! rief er mit geballter Faust in die dunkle Stadt hinein. Mit verzweifeltem Mut hob er den Leichnam empor lud ihn auf seine Schultern und trug ihn fort. Nicht weit davon aber stieß er schon wieder auf einen Toten, dann auf mehrere. Er warf seine Leiche dazu und ging nach Hause Sein Beschluß stand fest, so lange seine Kräfte stand hielten, wollte er die Pest von ihrer Schwelle fern halten. Schon am frühen Morgen suchte er sich Helfer zu verschaffen, mit begeisterten Worten, wie sie nur aufopfernde selbstlose Liebe verleiht, suchte er sie anzufeuern, die Leichen forttragen zu helfen — aber niemand fand sich, ja man hätte noch des verliebten Thoren gespottet, wenn die Lage nicht so verzweifelt ernst gewesen wäre. So schaffte er denn allein mit unermüdlichem Fleiße an seinem Werke. Leiche um Leiche trug er hinaus vor das Thor und begrub sie.

Seinem Lieb hatte er durch seine alte Mutter Kunde von seinem Vorhaben geben lassen. „Wenn dann einer sterben solle, so wolle er es sein, und so wenigstens noch versuchen ihr teures Leben zu retten. Wenn alle Gefahr vorüber und er noch am Leben, dann erst solle sie ihn wiedersehen, damit er nicht vorher den pestenden Hauch vielleicht in ihre Nähe brächte. Sie solle für ihn beten Gott werde ihn schon dann beschützen."

Müde hatte er sich Abends zur Ruhe gelegt. Der Schlummer stärkte ihn und am andern Morgen noch ehe die Sonne über die Berge schien, war er wieder bei der heiligen Arbeit. Aber nicht allein. Man hatte gestaunt, daß er noch am Leben sei und so kam der Ehrgeiz und die Liebe zu den Angehörigen dazu, was er sich getraute, wagte manch anderer nun auch, und was er für die Seinen tat, darin wollten ihm die andern Halloren nicht nachstehn. Erst waren es allerdings nur fünf; als diese aber unversehrt von der schweren Arbeit am Abend heimkehrten, schaarten sich immer mehr und mehr am folgenden Morgen

um die Totenbahre. Nach einigen Tagen hatten sie die
Straßen gesäubert und nun ging es daran die Toten aus
den Häusern fort zu schaffen. Da gab es manch einen
grausenerregenden Anblick, manch entsetzliches Schauspiel.
Oft! waren ganze Häuser ausgestorben, die Türen ver=
schlossen und mußten erst aufgebrochen werden. Aber
durch nichts ließen sie sich abschrecken. Mit aufopferndem
Heldenmut, mit unerschütterter Treue hielten sie an der
sich gestellten Aufgabe fest, wiewol mancher aus ihrer
Reihe dabei zu Boden sank und nun selbst mit hinaus=
getragen werden mußte. Die Ihrigen retten und der
Stadt helfen, das war die Losung der hochherzigen, ehren=
haften Halloren und dieser Opferfreudigkeit blieb der Lohn
nicht aus. Schon nach wenigen Tagen ließ die Zahl der
Toten bedeutend nach und die Sterbefälle wurden immer
weniger. Endlich war der Tag erschienen, wo sie das
letzte Opfer der Pest hinaustrugen. Viele waren gefallen,
aber auch viele gerettet, die in inniger Dankbarkeit zu den
Halloren aufblickten. Endlich war auch der Tag er=
schienen, der heißersehnte, wo Max Riemer seine geliebte
Braut wieder in die Arme schließen durfte. Wol nie war
die Freude zweier Liebenden über die überstandene Tren=
nung herziger, die Liebe selbst aber fester und unerschüt=
terter als bei diesen beiden, denn noch heute erzählt sich
der Volksmund von ihnen als von einem einzig da=

stehenden Beispiel wahrer, unwandelbarer Liebe und Treue.

Aber auch den Halloren ist ein ehrendes Andenken an ihre kühne Tat gewahr, noch bis auf den heutigen Tag ist es ihnen eine ehrenvolle heilige Pflicht geblieben die Toten zur letzten Ruhe zu bestatten.